效率第一

如何正确管理时间

吕宗昕　著

北京联合出版公司
Beijing United Publishing Co.,Ltd.

图书在版编目（CIP）数据

效率第一：如何正确管理时间 / 吕宗昕著. -- 北京：北京联合出版公司，
2019.8
ISBN 978-7-5596-3339-2

Ⅰ.①效… Ⅱ.①吕… Ⅲ.①时间—管理—通俗读物 Ⅳ.①C935-49

中国版本图书馆CIP数据核字(2019)第111719号

本书经城邦文化事业股份有限公司【商周出版】授权，非经书面同意，不得以任何形式任意改
编、转载。

效率第一：如何正确管理时间

作　　者：吕宗昕
出版监制：谭燕春　高继书
选题策划：厦门外图凌零图书策划有限公司
责任编辑：宋延涛
装帧设计：孟　迪

北京联合出版公司出版
（北京市西城区德外大街83号楼9层　100088）
北京联合天畅文化传播公司发行
武汉市盛宏源印务有限公司印刷　新华书店经销
字数155千字　700毫米×1000毫米　1/32　8.25印张
2019年8月第1版　2019年8月第1次印刷
ISBN 978-7-5596-3339-2
定价：45.00元

创造时间管理的财富

你经常需要抢时间工作吗？

你的工作好像总是做不完吗？

你成天被客户及老板追着跑吗？

你的待办文件往往堆积如山吗？

如果你有以上的问题，"时间管理"是最佳的解决之道。

管理大师彼得·德鲁克说过："时间是世界上最短缺的资源，除非善加管理，否则一事无成。"

每个上班族都渴望时间。我们需要时间来处理办公室内应做之事，也需要时间在繁忙工作与休闲生活之间取得平衡。即使每个人对时间的冀求如此强烈，但实际上大多数人对时间管理的概念十分模糊，而且在过去的学校教育及职前训练中，也未曾学习过这重要的一堂课。

天资聪颖者在职场中，借由经验的累积及失败的历练，可以顺利地在跌跌撞撞中摸索出掌握时间的诀窍；天资平庸者则在经历挫败及失意之后，却未必能适时调整方向，领悟出适合自己的时间应对模式。

其实，时间管理是需要学习的，正如同你过去曾努力学习任一专业技能与科目一般。

时间管理也是需要练习的，在明了相关原则及技巧之后，必须身体力行、加以实践，才能为自己"抢"得宝贵的时间。

对于"时间管理"这个大众迫切需要的课题，我长期深入研究，搜集相关资料及例证，参考社会知名人士成功实例，发展各式方法与技巧，并亲身实践以资验证；亦曾经受邀至众多公司企业、政府机关、研究及学校单位，进行多场演讲及研习会，深入探讨不同企业及职场的实际问题，为学员提供适切的建议。

我将过去多年来的研究心得及工作经验，详加汇整于书中与读者分享，希望能为你解决时间管理的问题，帮助你在工作上抢得时间的先机。

本书共有六章，下分不同小节，各章节均可独立阅读及实际运用。

每一节均附有我精心设计的概念示意图，作为该节核心技巧与法则的综合归纳，请于阅读本文时一并参考附图，细细品味个中意涵。读完一章后，请再重新检阅各节附图，将会带给你新的启发。

● 第一章**"掌握时间，增加财富"**——为了避免自己越忙越穷，需勉励自己掌握时间，力克严峻的职场环境。

叙述在不景气的大环境中，如何因应 M 型社会的变迁，避免沦为越做越累的穷人工作者，而是变身为越做越轻松的富人工作者；学习郭台铭、李嘉诚及彼得·德鲁克等名人的时间管理技巧，以有效增加自身的财富。

● 第二章**"时间管理策略"**——为了让自己的工作井然有序、切中重点，需建立正确的时间管理概念及策略。

面对纷杂的工作，需以"三抓三放"的原则加以简化；利用重要与紧急的"字型法则"，列出正确的工作优先顺序；采用"同心圆法则"，避免部属与上司之间的认知差异；并以工作计划引导自己逐步完成应做事项。

● 第三章**"提升工作效率"**——为了让自己能准时下班，享受应有的休闲生活，需努力提高自己的工作效率。

提早上班受到环境干扰的程度较小，自然可以专心工作，并提高工作效率；以"乾坤大挪移"建立完整的时间区块，改善杂乱无章的工作日程；运用"SMART"工作法则，提早达成"To be list"的设定目标，使自己由"A"迈向"A$^+$"。

● 第四章**"控管上班时间"**——为了不让自己的工作进度落后，需严格控管各事项的运行时间。

采用"CSDA"的控管原则，调整分配工作时间；利用"办公室三帮手"，妥适安排自己的工作日程；运用开会的"四制概念"，减少开会所耗费的时间；从"人、地、时、物、事"五大方向进行考虑，以有效缩短冗长的会议。

● 第五章**"制造上班时间"**——为了让自己能完成更多的事，需在一般上班时间内积极制造更多可用的时间。

除运用上班的"红海时间"外，更要善用"蓝海战略"制造"蓝海时间"；利用"CCDP 法则"大幅增加可用时间，发挥零碎时间的最大价值；采用"重叠时间配置法"，将众多事务挤入一天的工作日程中；聪明花小钱，以制造有效的大时间。

● 第六章**"节省上班时间"**——为了让自己尽快完成工作、避免无谓的时间浪费，需努力节省工作时间。

运用"同类法则"的概念，加速处理性质相近的工作；使用"N 字型删除法则"，删去缺乏正面效益的工作；采用"减法策略"，迅速处理烦人的杂务；利用"时间差攻击"策略，节约无效的等待时间；秉持"圆圈日"的概念，探讨节约时间的真正人生意义。

每一章最后附有通关测验，供读者复习该章内容，并进行自我检测。

富兰克林说："倘若你爱惜生命，就不可浪费时间。因为，生命就是由时间组成的。"

　　真正的时间管理，并非只是在管理时间而已，而是在经营自己的生命。

　　成功的上班族，除了能游刃有余地管理自己的时间外，亦能愉悦地享受多彩多姿的美丽人生。

目 录

CONTENTS

第三章　提升工作效率 / 097

第六章　节省上班时间 / 217

第一章

掌握时间，增加财富

- ◆ 富人工作者与穷人工作者
- ◆ 上班族的三大时间策略
- ◆ 不疾而速的时间法则
- ◆ 时间管理的迷思与陷阱
- ◆ 追求正值的休闲时间成长率
- ◆ 成功上班族必备的三大能力

1 富人工作者与穷人工作者
——大前研一的 M 型社会

彼得·德鲁克说："时间是管理者最稀少的资源，也是最宝贵的资源。"

你是追着工作跑，还是被工作追着跑？

M 型社会的震撼

时间是最宝贵的资源，因为一去即永不复返。

时间是最高价的资源，因为寸金难买寸光阴。

时间是最被限制的资源，因为每个人活着的时间均越来越少。

时间是最易忽视的资源，因为每个人均在无意识地挥霍时间。

金融海啸席卷全球，摧枯拉朽地破坏全世界的经济体，使得贫富的差距急速增大。

"M 型社会"不仅已然成形，并且更加恶化。身为上班族的你是否深感震惊？

你日夜奔波、辛勤工作，总是被老板及客户追着跑，以己身的智慧及劳力换取应得的酬劳，感觉自己俨然是中产阶层的一分子。

然而，万万没想到，辛苦工作数年后，衡量收入与前景，自己竟被定义为在社会中即将逐渐消失的一群。

大前研一是我相当钦佩的趋势大师。他经过长期观察，发现当今社会已衍生极大的变化，因而提出"M 型社会"的概念。

从前的社会，是以上班族、公务员、教员、中小商家所形成的中产阶层为骨干，这个阶层也架构出过去经济活动的最大舞台。

然而，进入 21 世纪之后，社会结构起了显著的变化，富人变得越来越多，穷人也越来越多，高收入群体与低收入群体分占现今社会的两大板块。

过去的社会是"∩型"结构，中产阶层虽无法顶天立地，但实际上是稳定社会的重要力量。但曾几何时，越来越多的富豪疯狂收购城市中精华地段的土地与住宅，提高租金和售价。而值此之际，三餐难得温饱的贫困家庭数也急遽增加。

当富人的人数增加、财富大幅累积的同时，穷人人数也迅速激增，但是拥有的资产却不断减少，"M 型社会"就随之而生。两极化的财富分配，使穷人与富人的距离越拉越远，分据社会光谱的两端。

"M型社会"在工作上会造成什么影响呢？

富人非常懂得"以钱赚钱"的技巧，只要投入少许的工作时间，即可获得高额的报酬，拥有丰裕满足的物质生活，亦能享受令人称羡的休闲时光。

相反的，穷人为了改善个人及家庭的经济环境，只好拼命工作、卖力加班，投入所有可用的时间与精力，但囿工作的单位时间产值低，且效率不彰，尽管工作越接越多，生活越来越忙碌，经济状况却始终未见明显改善。

结果，"M型社会"导致了"穷人越穷越忙，富人越富越闲"的社会现象，富有程度似乎与时间支配度成正比。

L 型与倒 L 型的工作模式

你无法只手扭转"M型社会"的趋势，大家都无力改变它。

但是你我都必须因应时代的变迁，找到自己的求生之道。

借由图表或图形来解析复杂的现象，可帮助简化困难的问题，迅速找到解决问题的线索。

让我以图示来分析"M型社会"。

M 型社会

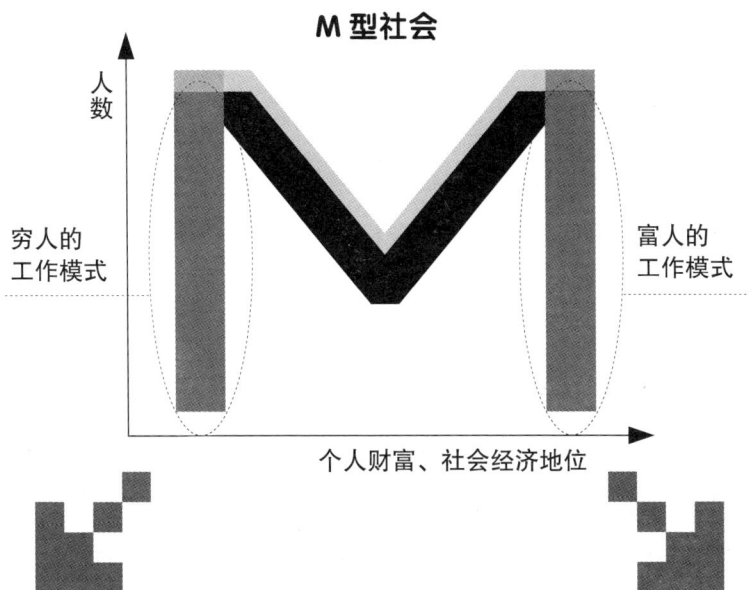

人数

穷人的
工作模式

富人的
工作模式

个人财富、社会经济地位

L 型工作模式

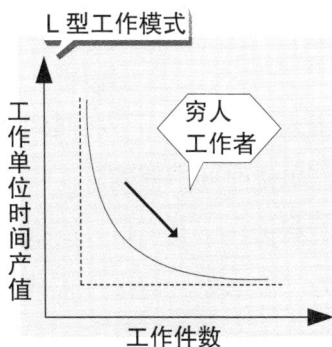

工作单位时间产值

穷人
工作者

工作件数

倒 L 型工作模式

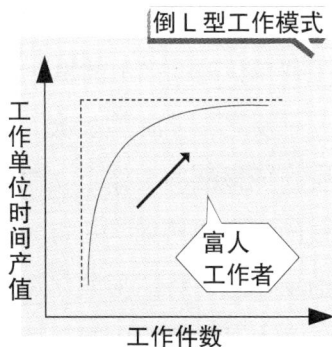

工作单位时间产值

富人
工作者

工作件数

| 越做越累 | ⟷ | 越做越轻松 |
| 做更多，未必赚更多 | ⟷ | 做更多，赚更多 |

以个人财富或社会经济地位为横轴，人数为纵轴时，你可以发现绘出的图形就如同麦当劳的商标"M"字一般。左边代表低收入或低社会经济地位者，右边代表高收入或高社会经济地位者，这两大群体人数剧增，故形成 M 字左右两个高峰；中间的中产阶层因人数减少，故成为下凹的一群。

我观察"M 型社会"左右两个群体的工作模式后，发现其中存在相当显著的差异。

"M 型社会"左端的穷人工作者，虽然使尽全力、卖命工作，但其工作性质大多属于收入较低的项目。以工作单位时间产值相对于工作件数绘制成图后，你可以清楚发现，在这个群体中，工作单位时间产值随着工作件数增加而逐渐减少，大部分的工作机会皆来自低报酬的项目。逐一将图形简化后，就成为"L 型"的工作模式，L 字下方的横杠落于低工作单位时间产值的事务上。

反之，"M 型社会"右端的富人工作者，不会将时间耗费在低报酬的工作上，他们的工作单位时间产值随着工作件数的增加而增加，并将大部分的时间投注于高产值、高报酬的项目上。将图形简化后，就成为"倒 L 型"的工作模式。与穷人工作者相比较，可了解其中最大的差异，在于富人工作者"倒 L"字的横杠是落在高工作单位时间产值的事务上。

富人工作者与穷人工作者

由前述图形的分析，可以清楚了解两件事情：

· **穷人工作者**——是"L型"工作者。

越做越累。做更多，未必赚更多。

因为都在做低工作单位时间产值的事。

· **富人工作者**——是"倒L型"工作者。

越做越轻松。做更多，赚更多。

因为都在做高工作单位时间产值的事。

如果你不希望成为穷人工作者，也不希望成为"M型社会"下凹的那一群，就应该积极思考下列三点：

1. **调整工作时间**——分配时间，多做高工作单位时间产值的正事，少做低工作单位时间产值的杂事。另外，积极提升自己的工作能力也相当重要，能力越强，越能拥有更多选择高工作单位时间产值工作的机会。

2. **做好时间管理**——督促自己在一定的时间内，做完应做的分内与分外之事。妥当安排工作的优先顺序，减少不必要的时间浪费，掌握工作的重点，在井然有序的状况下完成工作。

3. **提升工作效率**——让自己以高效率完成正事，在短时间内处理完杂事。别让自己成为穷忙族，努力寻找及减少阻碍工作及影响效率的外在因素及内在习惯，建立高效率工作的成功模式。

彻底执行上述三大要点，即可逐渐脱离穷人工作者的困境，让自己做更多，也有机会享受更多。

大前研一在《M 型社会》这本书的自序中提到："踏入'新的繁荣'之路，现在是最后的机会！"

"M 型社会"的来临是挑战，是冲击，但未必不是一个大好机会。

掌握机会，抢到工作的时间，你也能成为"M 型社会"右端的富人工作者！

2　上班族的三大时间策略
——郭台铭的鸿海帝国

如果你是郭台铭，一天有多少时间？

如果你是郭台铭，要如何日理万机？

鸿海帝国

我应邀到项目管理学会演讲，问上课的学员一个问题："自己管理的企划项目，可以百分之百准时完成的人请举手！"只有不到一成的学员举手。

接着问："大多数的企划项目都无法准时完成的人请举手！"有三分之一的学员举了手。

我再问："当你的项目无法准时完成时，会大幅影响业绩的人请举手！"结果，有一半以上的学员都举了手。

"再好的项目、再新的构想，若是无法准时完成，绩效也会大打折扣！"我语重心长地说，"抢时间完成工作确实很重要！"

演讲结束后，我与一位学员谈话，我问他："你们在接受项目管理训练时，不是都学过时间管理吗？"

他摇摇头说："我们有学过项目相关的时间管理，但是没有上过个人时间管理的课程。"

我笑说："如果无法管好个人的时间，那么项目进度的掌握不是更难管理吗？"

他点点头。

先来说个郭台铭的故事。

他可能是台湾媒体最爱追逐、市井小民最感兴趣的大企业家。

郭台铭早年以黑手起家，赤手空拳创立了现今庞大的鸿海帝国，他的成功故事是众多年轻人奋斗的目标。

第一次到鸿海公司参观，在大门口的警卫室等候前来接待的主管时，我对室内极其简单的摆设深感惊讶。如果不是挂着公司的招牌，你绝对想象不到在这座大门之后，竟是一家企业版图横跨全球的世界级大公司。

我很喜欢郭台铭说过的一段话："阿里山的神木之所以大，四千年前种子掉到土里时就已决定了，绝对不是四千年后才知道。"

一个人能否成功，大部分取决于初始时的企图心与个人的未来愿景。

郭台铭很忙，一忙起来，每天至少要奋战十五个小时。

在晨泳后，还来不及吃早餐前，他就在泳池畔与高阶主管商议要事。

他是富人工作者，没有时间浪费，也绝不浪费时间。

郭总裁的宝贵时间

郭台铭首次为鸿海争取美国订单时，亲自站上第一线向客户说明。

他搭上最便宜的深夜班机，从台湾千里迢迢，好不容易抵达客户的总部时，已是周五上午。他兴致勃勃地想向客户做简报，没想到对方因赶着要休假，便请他下周一再来公司。

郭台铭败兴而归，只好在旅馆里多住了三天。为了节省意外增加的开销，他一天只吃一餐，一餐吃两个汉堡。

在饥饿的三天里，他因为没有交通工具，只能坐困旅馆内。但他并未因此感到意志消沉或自怨自艾，反而积极利用这难得空出来的三天宝贵时间。

在三天内，他完成了拓展美国事业的宏图大计。

后来获得的订单及所构想的计划，为鸿海公司打下深厚的基础，也撒下了郭台铭所谓的"神木种子"。

没有当初的种子，就无法诞生今日的鸿海帝国。

鸿海的三大时间策略

如果你有兴趣，可以浏览一下鸿海公司的网站。

在网站的核心竞争力中，提到五大产品策略，分别是速度、质量、工程服务、效率及附加价值。

眼尖的你立刻可以发现"速度"排在第一位。

鸿海为了积极布局全世界，另外提出三个时间的策略：

• Time to market——即时上市；

• Time to volume——即时量产；

• Time to money——即时变现。

由产品制造上市（market），至大量生产（volume），再到获取利润（money），皆是与时间在竞赛。抢先上市，可吸引消费者目光，获得最大商机；抢先量产，可取得价格优势，扩大市场占有率；抢先获利，可迅速取得资金，做下一阶段的投资及开发，再促成下一项新产品的提前上市，另外获得崭新商机。

在三个时间策略环环相扣下，产生强大的正向循环，使鸿海能够在短时间内迅速成长茁壮，成为今日科技界的巨人。

上班族的三大时间策略

上班族要如何参考鸿海的时间策略，改进目前的工作模式，修正原有的工作习惯，建立有效的时间概念呢？

我提供上班族的三大时间策略作为参考：

• Time to idea——**即时思考；**

• Time to work——**即时工作；**

• Time to product——**即时成果。**

1. **即时思考**——过于忙碌地工作，没有喘息的机会，让你无法停下脚步，检视目前的工作状况，也无法重新规划未来的目标。实时思考的意义在于不要让自己沦为一部工作机器，反而丧失了大脑的思考功能。应当随时检讨工作缺失，修正工作方式，适时调整既定目标，要求自己先想再做，而不是先做了再后悔。

2. **即时工作**——并非要求马不停蹄地工作，该歇息的时候，就该下马休息；但在不能懈怠的时候，就不该偷懒摸鱼。设定工作目标之后，应该积极把握时间，集中火力，努力工作，以求在短时间内完成既定目标。切忌自寻借口，故意拖延，不仅延误公司业务进展，也耽误了自己的大好前程。

3. **即时成果**——有工作不一定有成果，然而不工作必

鸿海公司三大时间策略

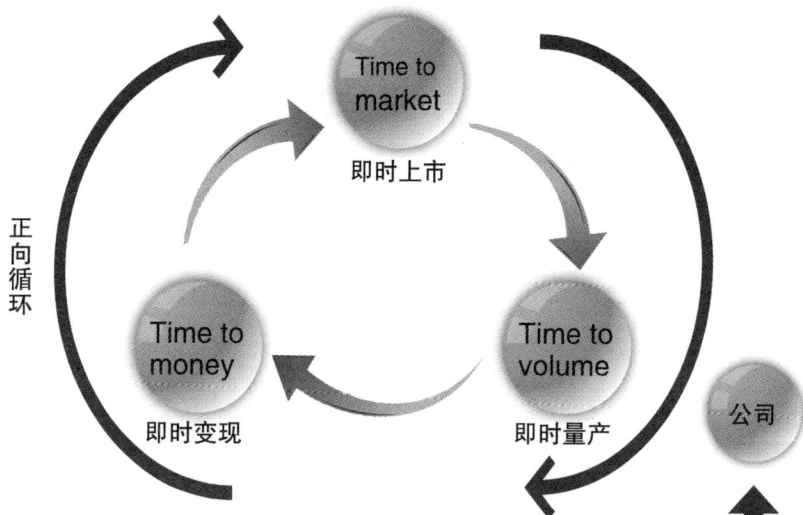

Time to market
即时上市

Time to volume
即时量产

Time to money
即时变现

正向循环

公司

个人

上班族三大时间策略

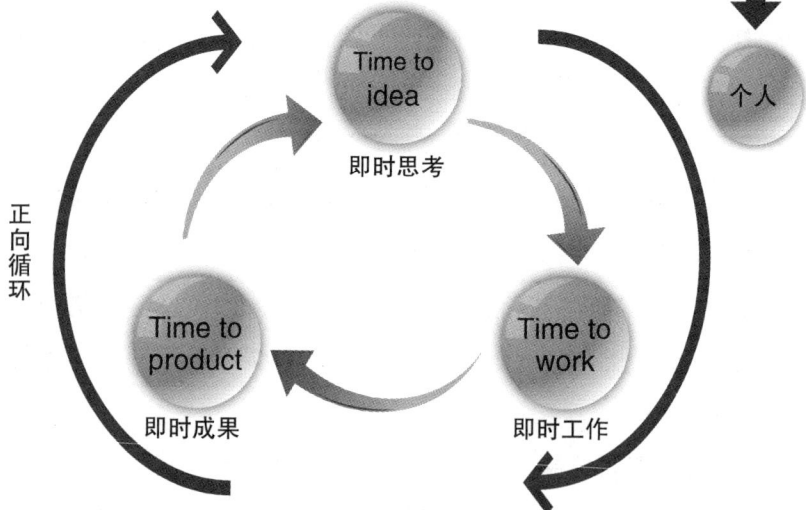

Time to idea
即时思考

Time to work
即时工作

Time to product
即时成果

正向循环

定毫无所获。成果的定义视职场及个人工作性质而异，但共通点是：老板与主管重视的是最终成果，而非你做了多少工作。在工作过程中，遇到可获得工作成果的机会，应当好好把握，立即取得成果，以提升自己的绩效。

养成即时思考的习惯，让你及早策立工作目标，帮助自己认准方向；抱持即时工作的积极态度，让你依循既定目标全力冲刺，不偷懒懈怠；抓住时机获得即时成果，可使自己提前完成计划，顺利达到默认目标，如此你又赚得更多闲暇时间，可供进行下一阶段的思考与计划。

这种在工作上的正向循环，就如同鸿海公司的正向循环一般，会产生强大的力量，将自己推向职场的高峰。

我告诉上课的学员："按时与及时的概念也很重要！前者是准时，后者是即时。唯有准时又即时地完成任务及工作，才能发挥原订计划的最大效益。"

神木历经千载岁月，人类无法与之比拟。

然而说不定我们身上都有巨木的种子，只是尚未萌芽。

改变管理时间的习惯，调整思维，有朝一日你也可能成为巨木！

3 不疾而速的时间法则
——李嘉诚的四句箴言

聪明的人，状似不忙，却轻松快速完成工作。
辛苦的人，状似很忙，却无法如期达成任务。

李嘉诚抢时间自修

某商业杂志要制作"时间管理"的专题报道，以时间管理作为封面故事。

前来采访的编辑访问完后，问我："难道时间管理就是精确地掌控生活中的每一分钟吗？如果是这样的话，不就会变得非常紧张吗？"

我笑着回答："当然不是这样啰！"

来聊个华人富豪李嘉诚的故事。

李嘉诚的爷爷是清末的秀才，照理说应是家境优渥的大户人家，但因时代动荡之故，李嘉诚无法成为含着金汤匙出世的好命少爷。

他们一家六口为了躲避战乱，翻山越岭逃至香港。父亲曾在钟表行短暂任职，却因感染肺结核而英年早逝。当时只有十四岁的李嘉诚被迫放弃升学，不得已成为童工，撑着孱弱的身躯挑起一家的经济重担。

他虽然无法正常上学，却不放弃任何可以学习的机会。

他说："别人是自学，我是'抢学'，抢时间自学。"在工作的空当，在下班后，他总是拼命利用空闲的时间自修。

一本二手的辞海旧词典，一本学校老师用的教科书，就是他自我学习的课本。他自己教自己，自己考自己，再自行寻找答案。通过不断模拟师生之间的对答，他了解了许多同龄孩童所不知道的事物。

为了积极运用工作以外的时间，他不看小说，也不阅读对自己未来没有帮助的书籍。他不愿浪费时间玩耍作乐，也自认没有娱乐的权利。想要出人头地，唯一之道就是追求知识、增进实力，他也确实一直身体力行，疯狂地吸收知识。

早年辍学的李嘉诚自知英文程度不佳，但为了了解最新的产业动态，便订阅了英文版的塑料专业期刊。一字一句翻阅词典，强迫自己接触英文，并大量学习塑料专业知识。

因为长期阅读专业期刊，所以他能够清楚掌握时代的潮流与产业的脉动。深深了解塑料材料将是大战结束后最重要的民生物资之一，便决定自行创业，向亲戚借贷资金，创设了"长江塑料厂"。

在草创初期，这只是一家微不足道的家庭式小工厂。然而李嘉诚利用自学而得的知识，改变流程设计，调整生产方式，六年后终于成为香港最大的塑料花出口商，获得"塑料花大王"的封号。

长江塑料厂替他赚进人生的第一桶金，也为他奠定日后发展成跨国大企业的坚实基础。

李嘉诚的四句箴言

在多年的苦心经营下，长江塑料厂扩展为长江集团，旗下上市公司的总市值超过五万亿元（新台币），企业版图横跨五十五国，是世界最大的民营货柜码头公司，是澳大利亚最大的配电商，亦是全球最大的美容与药品零售集团。

长江集团是华人民营企业中规模最大的公司，也将李嘉诚推上华人世界首富的巅峰。

他日理万机，需要随时处理集团内的突发状况，也必须当机立断，迅速做出明智抉择。按理来说，他应是极端忙碌，但其实他总是不疾不徐地处理公司重要事务，没有被庞大的企业及复杂的公事压得喘不过气来。

他曾说过四句极富哲理的话，阐明自己的工作模式与人生态度："好谋而成，分段治事，不疾而速，无为而治。"

•**好谋而成**——谋定而后动。针对企业的重大投资及重要任务，切勿冲动行事、操之过急。需先审慎规划，收集所有相关信息，详加分析与判断后，再行出手，才可成就大事。

•**分段治事**——复杂大事无法一蹴而就。应将大事切割成数个部分，在不同时间按部就班地完成各阶段目标；也应将各个部分依工作内容分派给不同部门，通过跨单位的合作，齐心协力完成任务。

•**不疾而速**——凡事不可莽撞躁进，但应力求迅速完成。在问题发生前，即做好各项万全准备，预设各种因应措施。当机会来临时，因已准备充分、胸有成竹，故可快速决断，一举掌握先机。

•**无为而治**——企业之所以能成功，要管理的对象是制度，而非公司的员工。制度明确化，员工有清楚的依循准则，管理者自然可以轻松治理企业。紧迫盯人式的"有为"管理，还不如制度分明式的"无为"治理。

上班族工作的四句箴言

在李嘉诚的四句箴言中，我最欣赏的一句是"不疾而速"。正如同武侠小说里的武林高手一般，已经将功夫修炼得炉火纯青时，才能悟出练功的真正诀窍。

我们可以进一步思考，利用他的四句箴言来调整自己的工作模式：

1. **好谋而成** ——工作的第一步在于设立明确目标，写下今年自己的工作方针，订出期望达到的营业成果，详尽规划工作的细节，深思熟虑后再积极行动。

2. **分段治事** ——别因任务繁重而焦躁烦恼、压力上身。你可以将工作分割成各周或各月之计划，把各个时段里的工作视为独立事项，每完成一项，就奖励自己一番，以激励自己再进行下一阶段的要务。

3. **不疾而速** ——工作上所要求的是不快而快。过度心急求快，未必能提前完成；超级紧张忙碌，未必能准时下班。周详的计划是避免工作混乱失序的不二法门，充足的准备亦是应付突发状况的万灵丹。

4. **无为而治** ——以工作日程表来协助"治理"日常纷乱的事务。依原定的工作目标，妥善安排自己的工作日程，状似无为治理，其实早已将工作程序精心规划妥当，自然能够从容不迫地处理公司事务。

只要你懂得善用以上四句话，工作就会变得有条不紊，处理起公司的大小事情，也会感到游刃有余。

我借用李嘉诚的四句箴言回答了那位编辑的问题，让她

上班族的时间管理思维

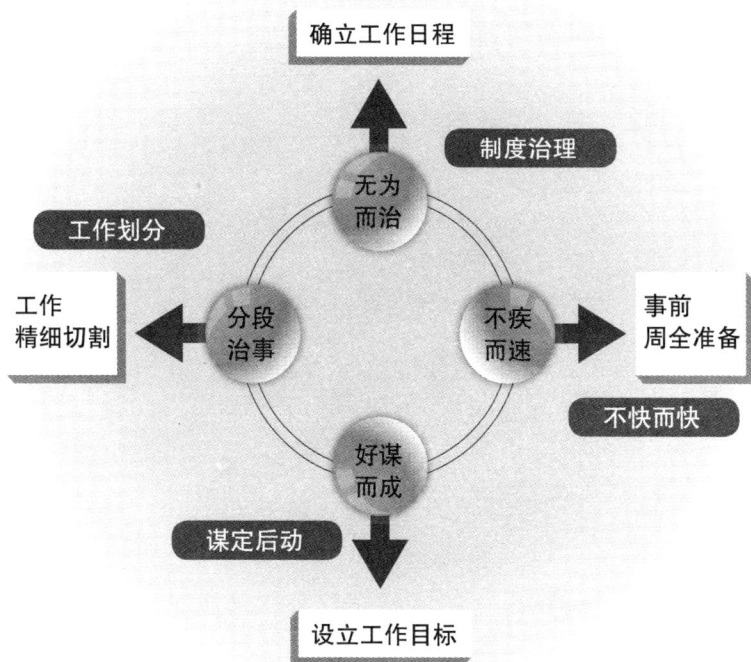

```
                        确立工作日程
                            ↑
                              制度治理
            工作划分        无为
                            而治
   工作                            不疾
 精细切割  ←  分段              而速  →  事前
            治事                        周全准备

                              不快而快
            谋定后动      好谋
                            而成
                            ↓
                        设立工作目标
```

了解到时间管理的最终目的是快速处理事情，让生活变得轻松愉快。

"不疾而速"的概念，是时间管理的最高指导原则。

4　时间管理的迷思与陷阱

——彼得·德鲁克的时间管理

　　自认只要认真工作即可，无须注重时间管理，是上班族共同的迷思。

　　因工作量剧增，只能以超时加班来因应，这是时间管理的可能陷阱。

布拉格的天文钟

　　在有"建筑物博物馆"美称的捷克布拉格市旧城中心，矗立着一座举世闻名的华丽天文钟塔，全年无休地为市民整点报时。

　　天文钟的下方为造型特殊的月历图像，最外层以波希米亚人四季生活的图像代表十二个月份，中层绘有十二个星座的图案，最内层则为布拉格旧城的城徽。

　　每到整点，广场上万头攒动，挤满了来自世界各地的观光客，争睹天文钟的机械式木偶表演。当第一声钟声开始响起，在耶稣门徒圣保罗的带领下，十二位门徒陆续现身，最后以鸡啼和钟声作为结束。

当人们抬头仰望天文钟的时刻及表演时，还会看到时钟两侧的四尊小雕像：拿着一面镜子的人，象征"虚荣"；拿着钱袋的犹太人，象征"贪婪"；手持乐器的土耳其人，象征"欲望"；还有令人触目惊心的骷髅人骨，象征"死亡"。

天文钟的这番设计带有潜藏的意涵，暗喻凡是虚荣、贪婪、沉溺欲望、浪费时间的人，最后只能束手无策地面对死亡。

在每天忙碌的生活中，你是否也应该找个机会，检视自己是否为了不必要的事，平白浪费许多宝贵的时间？

德鲁克的时间管理

彼得·德鲁克是闻名全球的管理大师。他一生担任过的职务颇多，包括报社记者、大学教授、经济评论家，甚至还写过小说。他最卓越的贡献在于所提出的企业管理概念，对众多大型企业的组织架构与经营模式构成深远的影响。

德鲁克具有犀利敏锐的洞察力，可迅速发觉问题核心，找出影响事件的关键点，然后一针见血、切中要害地提出有效的解决方案。

在《卓有成效的管理者》一书中，他提到要成为高效能的工作者，必须具备五种能力：

- 管理自己的时间；
- 投入有贡献的工作；
- 发挥个人的专长；
- 专注于最有成效的工作；
- 制订有效的策略。

在上述五种能力中，时间管理的能力列在首位。德鲁克曾说："时间是管理者最稀少的资源，也是最宝贵的资源。"

他提出时间管理的三大步骤：

❶ 记录时间；

❷ 管理时间；

❸ 整合时间。

高效能的工作者习惯利用工作日志，来记录自己利用时间的状况。每记录一段时间后，再行检讨不同时间内所产生的效能，进而积极管理有限的工作时间，并调整工作日程，使同类型的工作时间可进一步整合。

综观职场上许多成功人士，会发现他们的时间管理模式与德鲁克的方法不谋而合。

时间管理的迷思与陷阱

计算机公会邀请我前往讲授时间管理的课程，活动负责人在原本的讲纲中特别增加一个课题——"时间管理的迷思与陷阱"。这个主题引起我的一番思索。

时间管理的迷思何在？

许多上班族认为自己只要准时上班、不早退翘班，就算对得起公司了。或是觉得自己已经十分忙碌，忙到必须熬夜加班，忙到几乎已耗费所有可用的工作时间，所以无须费神思考时间管理的问题。这些想法，都是时间管理的迷思。

殊不知，准时上下班仅代表某人按规定出现在公司内，而非证明尽职从事分内的工作。感觉自己非常忙碌，究竟是工作量确实过多，还是本身的效率不彰，以致延误了工作？或是因时间分配不当，导致无法准时下班？

那么，时间管理的陷阱又何在呢？

如果工作负担沉重，会想拼命工作；若是下班前仍未完成，会想超时加班。其实"拼命"与"超时"并非解决工作问题的最佳对策。一味希望用更多时间资源来完成分内工作的想法，是一般人极易落入的时间管理陷阱。

一旦习惯以超时工作来因应手上事务，自然不会积极思考如何提升工作效率，工作越是繁重，唯一的对策就只有加班再加班。当你将应属于自己的私人时间及家庭时间都奉献给公司时，就等于压缩你个人的休息时间，导致上班时觉得很累，下班后又因无法充分放松身心，所以回到家中感觉更累也说不定。

时间比萨饼

想摒除时间管理的迷思，就应该先了解老板的心理，他除了在乎你上班的时数，其实更在乎你的工作成果。此外还应深入探讨，究竟感觉很忙是工作量过多所造成，还是工作效率不佳或时间管理不良造成的？

要避免掉进时间管理的陷阱，应该尝试以超时加班之外的方法来应付做不完的工作，别让不断的加班占据属于你自己的正常生活时间。你应当积极思考如何运用智慧，佐以有效的时间管理技巧，帮助自己准时下班。

我设计了两个没有时针与分针的钟，供你详细检视自己的生活。请在下页图中以切割比萨饼的方式，将一天二十四小时分割成不同区块，回顾自己近来的生活状况。

我的朋友大卫，在高科技公司担任主管，我也请他自行分析工作日一整天的情形。

他将早晚两个"时间比萨饼"依不同项目划分，赫然发现自己大部分的时间都"卖"给了公司，另一大块的时间送

请填入你一天的时间

我的一天

上午

下午

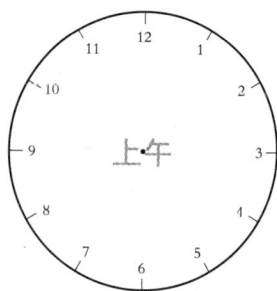

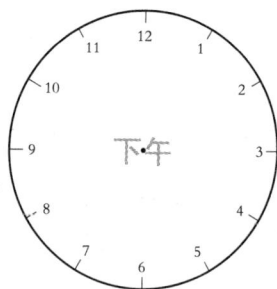

大卫的一天时间

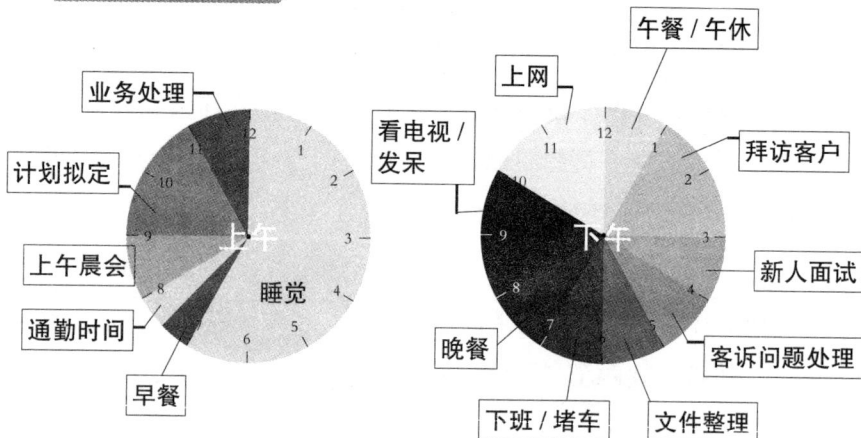

业务处理
计划拟定
上午晨会
通勤时间
早餐
睡觉
上午

午餐 / 午休
上网
看电视 / 发呆
拜访客户
新人面试
客诉问题处理
文件整理
下班 / 堵车
晚餐
下午

给了周公，最后留给自己的仅有一小部分，不是上网、看电视，就是累到只能瘫在沙发上发呆。

他亟欲改变目前的生活模式，期盼在"时间比萨饼"中能"抢"回一块供自己享用。

我告诉大卫："德鲁克说时间管理的首要步骤是记录时间。刚才你画了'时间比萨饼'，就是已经跨出时间管理的第一步。"

大卫听了略微释怀，也准备开始积极管理自己的时间。

迫切需要时间的你，也请从记录时间做起。记录自己的工作时间，画时间的比萨图，在持续记录与画图中，你将会逐渐掌握自己的时间。两个"时间比萨饼"就可以改变你的人生。

在布拉格天文钟的下方，还有四座小雕像，分别为三个手拿书卷或望远镜的学者，以及一位背上有一双翅膀的美丽天使。

这些雕像意味着人如能掌握时间，做正确的事，即可拥有广博的知识，也有机会成为人世间的天使，让自己的人生富有崭新的意义。

5 追求正值的休闲时间成长率
——打败负利率时代

歌德说:"善于利用时间的人,永远找得到充裕的时间。"

你希望银行的存款越存越多,或是休假越放越多?

还是两者你都喜欢?

负利率时代

杰森大学毕业后,进入一家贸易公司担任营销业务员。他辛勤工作,也努力将薪水存入银行。但是存了好久,却赫然发现自己实际所得的利息竟然是负值,这究竟发生了什么事?

不论是活期或定期存款,照理说我们或多或少都可以得到部分微薄的利息。但是真正的利息,即所谓的"实际利率",则必须考虑以下的公式:

实际利率 = 银行挂牌利率 - 通货膨胀率

油价迅速大幅飙涨,引发全球性的通货膨胀,而通货膨胀的最大影响就是导致物价全面上涨。当银行挂牌利率（名义利率）低于通货膨胀率时，"实际利率"就变成负值，迈入了负利率的时代。

在负利率的时代，即使存款放得越久，也不代表可以赚得更多，反而因物价上涨吞噬了银行利率，实际上得到的是负值的利息。

杰森希望实际利率保持正值，只有两种方法：一是选择利率较高的银行或改变存款方式；二是期待借由政府的力量，抑制通货膨胀率。当银行挂牌利率高于通货膨胀率时，才有机会享受到正值的利率。

实际休闲时间成长率

为何要提及实际利率的概念？因为这与上班族工作量的想法非常相似。

公司为了追求更高利润，美化财务报表，需要不断扩充营业项目，增加来店顾客人数，提高产品销售量。公家机关为了拉近政府与人民之间的关系，提供更多的便民措施，需要延长服务时间，增设服务站点，新增服务项目。

不论是私人企业或公家机关，整体业务量均呈增加趋势。老板为了控制人事成本，无法增聘新员工，主管受限于现有的人事编制，必须将新增的业务分派给原有人员，造成每个人的工作负担都大幅加重。

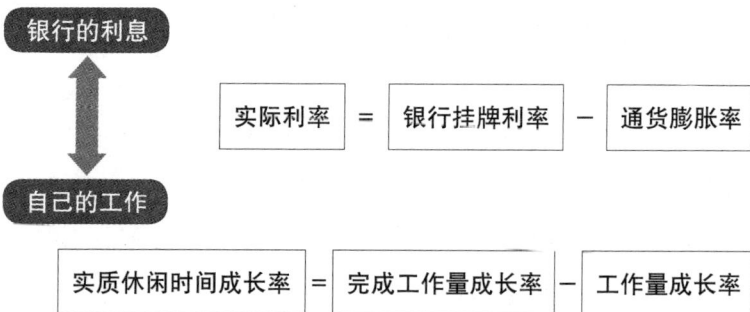

银行的利息 ⇕ 自己的工作

| 实际利率 | = | 银行挂牌利率 | − | 通货膨胀率 |

| 实质休闲时间成长率 | = | 完成工作量成长率 | − | 工作量成长率 |

被分派到的工作量显然是增加了，但老板或主管交代的所有工作是否都能如期完成，却是个未知数。被分派的工作若不能如期完成，对公司的成长是没有帮助的。

为了身陷工作旋涡的你，我比照"实际利率"的概念，写出以下公式给你作为参考：

实际休闲时间成长率＝完成工作量成长率－工作量成长率

工作量有所成长，代表公司的营业项目或产品在市场上具有人气，也代表自己深受公司主管的重视，此点固然可喜，但是新增的工作若无法如期完成，顾客的抱怨及主管的责难将接踵而来，自己将面临极大的压力。

在工作量成长的同时，也必须考虑完成工作量是否同步成长。所以，真正的工作成果成长率不是来自工作量的成长率，而是来自完成工作量的成长率。

将完成工作量的成长率减去工作量的成长率，会是什么呢？我称之为"实际休闲时间成长率"。

当你的工作量越来越多，但能够如期完成的工作量却越来越少时，就无法拥有充足的休闲时间。以成长率的概念而言，就是负值的实际休闲时间成长率。

反之，如果你的工作量增加，但是处理工作的速度也大幅加快，当你的完成工作量成长率高于工作量成长率时，就会获得正值的实际休闲时间成长率。

上班时间管理高手

我们来思考一下，上班时间管理高手与低手在工作状况上有何不同。我以下列图示进行说明：

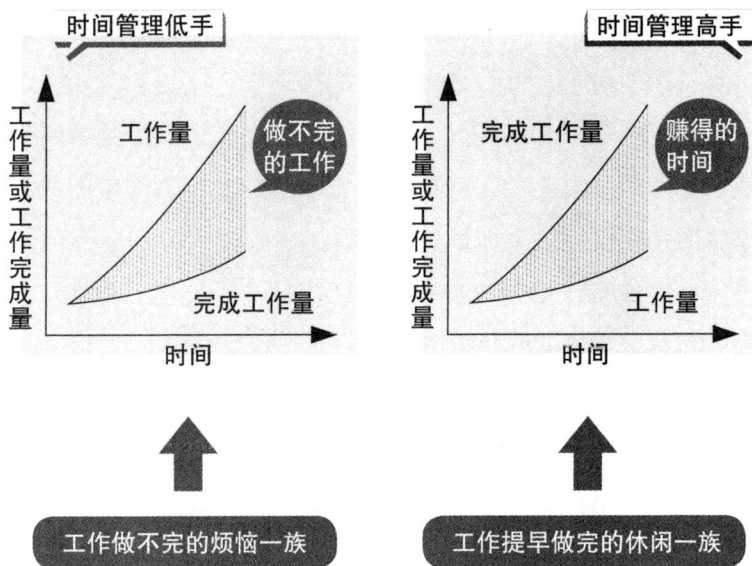

时间管理低手

工作量

做不完的工作

工作量或工作完成量

完成工作量

时间

时间管理高手

完成工作量

赚得的时间

工作量或工作完成量

工作量

时间

工作做不完的烦恼一族

工作提早做完的休闲一族

◎ 时间管理低手的工作状况——

以时间管理低手来说，工作量成长率（或称为增加速度）高于完成工作量成长率。由于在一定时间内可完成的工作量少于被分派的工作量，导致许多工作无法如期完成。

当工作做不完时，就必须不断日夜加班，以顺利完成工作，或是必须向主管或客户致歉，延后履行承诺的时限。最后实在无能为力，只好两手一摊，放弃该项工作。不过，如果你不想被炒鱿鱼的话，应该是不会出此下策的。

◎ **时间管理高手的工作状况——**

对时间管理高手而言，虽然工作量亦是随着时间增加，但是从工作中累积的丰富经验、在职场上学习到的各项技能，再搭配正确的时间管理技巧，都有助于让你的完成工作量成长率高于工作量成长率，所以可以利用比过去更短的时间，完成同样的工作，从中所节省下来的时间就称为"赚得的时间"。你可以利用这些"赚得的时间"去从事自己的休闲活动。

为了获得正值的实际利率，我们只能改变存款方式，或是想办法降低通货膨胀率。

为了获得正值的休闲时间成长率，我们必须训练自己管理时间，有效率地利用时间，让自己能以最短的时间完成最多的工作。当你的完成工作量成长率高于工作量成长率时，自然可多"赚取"节省下来的工作时间，用来从事自己喜爱的休闲活动。

真正的时间管理高手并不是工作狂。

他只是懂得如何在上班时间内以高效率热情地工作。

在上班时间外，他则充分享受属于自己的休闲时光。

6 成功上班族必备的三大能力
——银行理财专员的九宫格

学校教了我们各类知识，但唯独少教了时间管理这一门课。

学校教了我们各项专业，却没有教我们如何增加工作时间。

银行理财专员的烦恼

有一次，一位在人力资源部任职的朋友邀我前往讲授时间管理的课程。下课后，一个面貌清秀的女学员前来问我问题。

她说自己是某家大型银行的储备干部，目前在理财部门见习，也实际参与为客户提供理财服务的工作。每天都有许多客户来电询问，或亲至银行洽询投资理财的相关事宜。客户在探询后，多半会要求她提供理财规划书，以便做进一步的考虑。

她说自己白天除了接听电话之外，还要耐心为客户说明投资项目及细节，所以无暇为客户做理财规划，只好利用晚上时间加班搜集资料，详加考虑及设计后，再一一回复客户。

她又说每位客户的需求均不相同，有的喜好海外基金，有的偏爱国内基金，有的喜欢长线投资，有的则热衷短线获利。再加上每位客户的投资金额多寡不一，所以她每天为了不同客户的理财规划书忙得焦头烂额。

但主管并未体谅她的工作负荷，仍不时交办临时任务。她每天都在加班，可是工作还是做不完，非常担心自己的年终考绩。

"我该如何改善目前的状况呢？"她愁眉苦脸地问。

"你整天都在接电话，或与客户洽谈吗？"我问。

她侧头想了一会儿说："好像也没有。"

"在与不同客户的晤谈之间，是不是有许多空当时间？"我接着再问。

她点了点头。

"那些空当时间你都做了什么事呢？"

"没有做什么事啊！大概就是看看计算机，或坐着等下一位客户上门。"

"那些空当时间对你很重要喔！"我笑着说，"你可以利用那些时间整理上一位客户的资料，先进行初步的规划，就能减轻后续的工作量了。"

银行客户的九宫格图

	保守型	中庸型	积极型
高额	保守型 高额投资	中庸型 高额投资	积极型 高额投资
中额	保守型 中额投资	中庸型 中额投资	积极型 中额投资
低额	保守型 低额投资	中庸型 低额投资	积极型 低额投资

她点头表示同意。

"我再教你一个方法好吗？"

"好啊！"

"其实，你可以将客户依其投资属性区分为三类：保守型投资者、中庸型投资者及积极型投资者，分别为这三类客户做不同的投资组合规划。例如保守型投资应增加债券比重，积极型投资者应提高基金比重，中庸型投资者则两者并重。"

我继续说："然后依客户预定投资的金额亦区分为三类：低额、中额及高额。将三种客户属性及三类投资金额经过排列组合后，会产生九种状态，这就是所谓的'九宫格图'。"

　　我边画图边说明："你可以为这九种类型先行建立基本投资模式，分别设计合适的理财规划书，将档案储存于计算机中。当客户提出要求时，先判断客户的属性及投资金额高低，找出相关储存档案，以该档案为基础，再斟酌客户其他的需求，利用基本模式做小幅度的修改，就可以迅速完成个别客户专属的理财规划书。"

　　"我怎么没想到这一招呢？"她高兴地说，"我终于可以提早下班了！"

成功上班族的三大能力

　　确实，时间管理的问题困扰着许多人。但多数上班族在进入职场之前，都没有机会正式或非正式地接触相关课程。

　　在上述实例中的银行理财专员，虽然毕业于知名大学，也具备扎实的学识基础，只因尚不熟悉职场环境，又较缺乏时间管理的技巧，以致无法在上班时间内完成分内工作，必须不断加班才能赶上工作进度。

　　一个会念书的高才生不一定是个成功的上班族。

　　一个成功的上班族应兼具三种不同的能力。我以黄金三角图作为说明：

成功上班族必备的三大能力

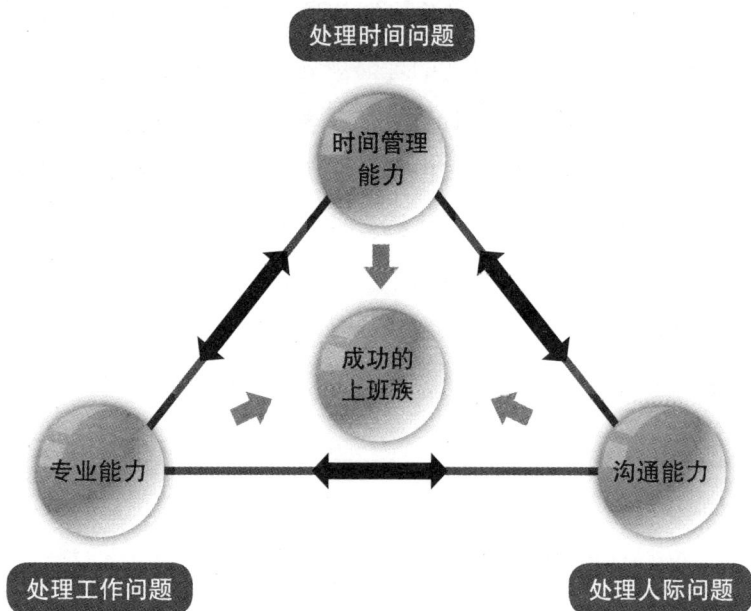

处理时间问题

时间管理
能力

成功的
上班族

专业能力

沟通能力

处理工作问题

处理人际问题

1. 专业能力

专业能力代表自己的学养及知识，专业能力越佳，越能应付职场上各式棘手问题。拥有该能力，便能冷静分析事理，寻找可行对策，选择必要步骤，决定优先次序，按部就班地完成既定目标。

2. 沟通能力

向上的沟通，是对上司；向下的沟通，是对部属；平行的沟通，是对同事。沟通能力越强者，越能清楚表达个人想法，免除不必要的误会，减少无谓的摩擦与争端，营造愉快的工作气氛。

若觉得工作超出个人的可负担程度，应与主管开诚布公地沟通，并虚心向同事请教。沟通的目的并非为了逃避责任，而是为了解决问题。唯有在互信互谅的基础上，公司的业务才能顺利拓展，并兼顾到个人应有的权益。

3. 时间管理能力

时间管理能力不仅止于思考如何完成工作，还应设想如何以最省时省力的方式完成最多的任务。善于管理时间者懂得如何积极去除时间障碍，利用最快方式，达成默认目标。越早达成目标的人，往往会获得较佳的升迁机会及更多的工作资源。

在前两项能力中，专业能力是处理工作事务的能力，沟通能力则是处理人际关系的能力，其实两者皆涉及时间管理的概念。专业能力强者，能有效缩短工作时间，提前完成任务；沟通能力佳者，能及早解决复杂纷争，避免衍生事端。

如第40页附图所示，黄金三角图中的三大能力交互激荡，从而造就出一位成功的上班族。

时间管理虽然不是求学生涯的必修学分，却是上班族通往成功之路的必备密钥。

能抓住时间，才可抢得高薪！

掌握时间，增加财富
通关测验

进行自我评估时，请依自己目前的状况检验。

若已达成，请打√；偶尔能达成或尚无法达成，请空白。当每道测验都填上√时，即表示全数通关！

Review and Check

▦ 请在读完本章后，进行第一次的复习及自我评估。
▦ 请在一个月后，进行第二次的回忆及自我评估。
▦ 请在三个月后，进行第三次的检讨及自我评估。

▦▦▦ 要努力成为"M 型社会"右端的一群，尽量脱离"M 型社会"的左端。

▦▦▦ 希望成为"富人工作者"，采用"倒 L 型"的方式工作，越做越轻松。

▦▦▦ 上班时，会注意管好自己的时间，尽力提高自己的工作效率。

▦▦▦ 重视"即时"所产生的效应，采用即时思考、即时工作、即时成果三大策略。

■■■　工作时，会注重按时和及时的概念，要求自己准时又即时。

■■■　记住李嘉诚的四句箴言："好谋而成，分段治事，不疾而速，无为而治。"

■■■　明白神经紧绷与过度紧张无法加快工作速度。事前有周详的计划与准备，才能使工作"不疾而速"。

■■■　了解当完成工作量成长率高于工作量成长率时，才能获得正值的休闲时间成长率。

■■■　积极地从工作中累积经验，缩短学习曲线，让自己完成工作的速度不断加快。

■■■　期许自己不要成为工作狂。除了上班，也应享受自己的个人生活。

■■■　明白时间管理的第一步在于记录时间，会仔细在工作日志上记载各段时间需进行的重要事项。

■■■　破除时间管理的迷思与陷阱，了解拼命加班与超时工作不是应对工作的唯一良方，正确的技巧与概念更重要。

■■■　努力培养成功上班族的三大能力——专业能力、沟通能力与时间管理能力。

■■■　重视自己的私人时间，也重视老板雇用自己工作的时间，会充分有效地利用上班时间。

通关笔记

第二章

时间管理策略

- ◆ 三抓三放的简化工作原则
- ◆ 时间管理的微笑曲线
- ◆ 重要与紧急的四象限图
- ◆ 同心圆的 N 字型法则
- ◆ 时间管理的 4P 与 4C 理念
- ◆ 时间管理的微分与积分法则

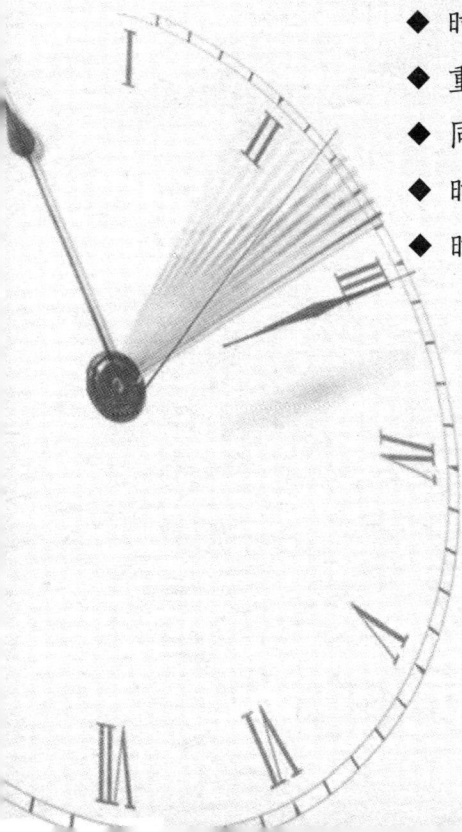

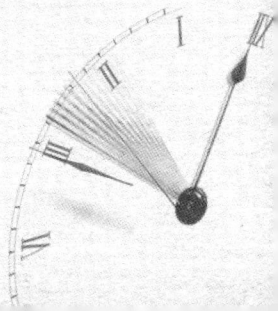

7　三抓三放的简化工作原则
——热爱时间的比尔·盖茨

勇于与时间赛跑的人，未必赢得了时间。

放弃与时间竞逐的人，必定会输给时间。

比尔·盖茨的追逐时间

泰戈尔说过一句饶富哲理的话："如果错过太阳时你流了泪，那么你也会错过群星。"

我们不想错过太阳，也不愿错过群星。

比尔·盖茨大概是科技界最忙碌的总裁之一，他从年轻时期就已懂得要跟时间赛跑。

他在就读湖滨中学时，获得一个撰写计算机程序的机会，便与朋友保罗一起承接该项专案。为了在期限内按时交件，两人整日埋首工作，几近废寝忘食，经常整天关在学校的计算机室内，长时间不进食，也不会见任何人，有时甚至一天工作超过二十个小时。

在绞尽脑汁、筋疲力竭的状况下，他发现一个可以帮助自己思考的方法，就是前后摇晃身体或在室内踱着方步，这样有助于将思绪集中在问题焦点上。

埋首苦撑八个星期后，他终于走出了计算机室，顺利完成任务。

比尔·盖茨热爱计算机，尚未自哈佛大学毕业，就迫不及待地在自家车库里创业。创立微软公司的那一年，他还未满二十岁。

在创业的最初七年内，他一共只休假十五天。比尔·盖茨认为工作是一场竞赛，他喜欢在紧要关头全力以赴的感觉，也深深享受伴随而来的快乐与成就感。

比尔·盖茨勇于追逐时间，结果打造出有史以来最强大的计算机软件王国，为全世界数以亿计的人提供工作上的帮助及便捷。

比尔·盖茨曾开玩笑地说，自己没时间思考经济学，来不及成为生物化学家，也无暇练就高尔夫球七十二杆的好成绩。虽然这些都是他想做的事情，但并不是他最喜欢的事情。

他最喜欢的是计算机，最想积极拥抱的是高科技，所以心甘情愿，将自己绝大部分的时间资源投注在计算机科技上。

比尔·盖茨的三大成功要素

有一次，和某家电子公司总经理晤谈时，他提到对于庞大的企业体而言，提高营运绩效是终极目标，而他自己最想达成的是"简化工作"。

那段谈话让我深有所感。

我们以比尔·盖茨为例，他的成功可归因于三大要素：

1. 明确设立目标

他知道计算机是明日科技的梦想，也深信自己就是实现那个梦想的人。在心中订立明确的工作目标，设定清楚的工作蓝图，详细规划工作进度，并义无反顾地努力逐梦。

2. 集中焦点攻击

Focus 这个单词是名词，也是动词。名词是指焦点，动词则是指集中焦点。比尔·盖茨将自己的精力及时间全部投注在计算机科技的研发上，集中焦点猛烈攻击，所以能在短时间内缔造惊人的卓越成果。

3. 简化工作内容

比尔·盖茨专心经营他的软件王国，无暇兼顾其他事务。他大幅简化工作内容，使自己可以心无旁骛地专注于本业。工作的简化让他能专心思考，大幅减少无谓的时间浪费，从而获得关键性的胜利。

三抓三放的简化工作原则

曾经在日本综艺《电视冠军》节目中，看到一位水果达人。他为了让果树结出最硕大、最甜美的果实，会在果树开花后摘掉大部分的花朵，仅留下少数花苞。

"这样不会使果实产量大减吗？"访问者不解地问。

"我要让全部的养分都灌注在这几个花苞上，这样才能够结出最大、最甜的果实。"达人自信满满地说。

水果达人的秘诀非常值得我们参考。

在第51页附图中，你可以看见左侧有一株小树，状似茂密，但向侧边横生出许多细小枝干。如果把主树干比喻为本业工作的话，那些细小枝干就相当于琐碎的杂务、不具意义的小事、冗长无聊的会议、徒具表面功夫的人际交往等。以"时间养分"来说，这些细小枝干与主树干是竞争者，主树干因吸取的养分不足，以致无法持续向上成长茁壮。

若你将那些抢夺"时间养分"的旁枝细干大刀阔斧地砍除，所有的养分将悉数灌注在主树干上，便可使树干迅速拔高，成为顶天立地、高耸入云的大树。

我非常同意那位总经理的看法。工作必须适当简化，有限的时间资源才够使用。我在忙碌的生活中，也是利用简化工作的概念，替自己争取更多的时间。

该如何简化工作呢？请参考以下"三抓三放"的原则：

1. 抓大事，放小事

集中思考工作上的大事，对于微不足道的小事，无须过度烦心。高阶管理者必须为公司明确定位，掌握未来发展的重要方向，别为细枝末节而操心；基层工作者应将时间用于可明显提升业绩的事务上，无关紧要的小事则尽量删除。

2. 抓正事，放杂事

要顺利完成一件工作，有其必要的程序及步骤。与完成该项任务有关的称为正事，无关的则称为杂事。一个有智慧的工作者应抓紧正事，将心力和时间集中投资于处理与该任务最相关的核心问题；至于与正事无关的杂事，可交由旁人处理，或是尽量避免，以简化工作内容。

3. 抓要事，放闲事

重要又紧急的事情应该在第一时间完成；没有时间压力的闲事，则利用工作空当，简单处理即可。要事与闲事的差别，在于对绩效的贡献度以及时间的紧迫程度。高绩效贡献度、高时间紧迫性的要事必须优先处理，低绩效贡献度、低时间紧迫性的闲事则可暂缓或删除。

比尔·盖茨之所以能够成功，是因为他热爱计算机，也热爱时间。

工作简化思考图

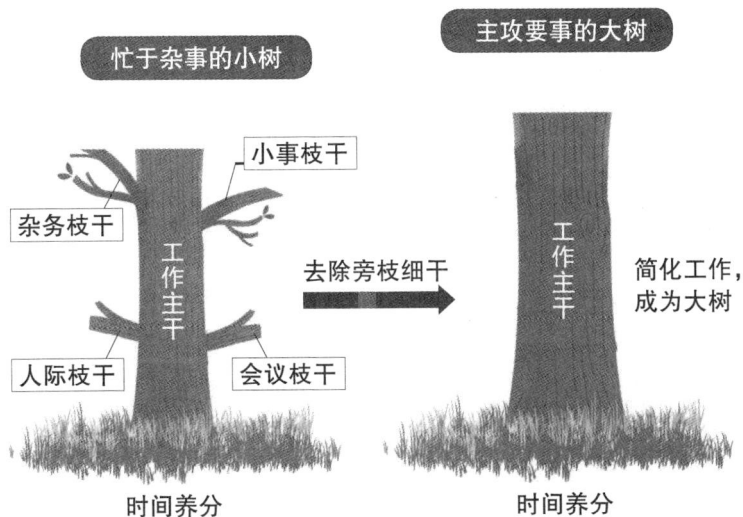

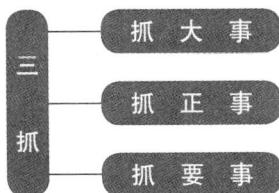

忙于杂事的小树

主攻要事的大树

小事枝干

杂务枝干

工作主干

去除旁枝细干

工作主干

简化工作，
成为大树

人际枝干

会议枝干

时间养分

时间养分

三抓

抓大事

抓正事

抓要事

三放

放小事

放杂事

放闲事

如果你也希望在事业上有一番大成就，请抓住主干，放弃枝干，说不定有朝一日，你也会成为郭台铭口中的巨大"神木"。

8

时间管理的微笑曲线
——施振荣的微笑曲线

施振荣的微笑曲线理论，改变了企业界的传统思维。
时间管理的微笑曲线概念，也将改变原有的工作模式。
曲线会微笑，你在工作中也会微笑。

恋爱巴士的德国经验

几年前，有个日本实境综艺节目《恋爱巴士》，因独创的节目设计而深受年轻人欢迎。获选参加的团员乘坐可爱的粉红色小巴士，到世界各地游览风景名胜，并在旅途中培养爱苗、谱出恋曲。

有一次，团员来到德国，下午三点钟，在露天咖啡座遇到一位西装笔挺的上班族。在一番简单的寒暄后，团员与那位男士聊了起来。

"你是翘班跑到这里喝咖啡的吗？"一名团员开玩笑地问。

"不是。"德国绅士面带微笑地回答。

"你下班了吗？"

"是啊！"

"现在才下午三点钟耶！"团员们大为惊讶。

"对啊！没错！"他啜饮一口咖啡。

"为什么你可以这么早就下班呢？"

"因为我们是弹性上班制，每个人可以自由安排上下班的时间。只要你提早上班，就可以提前下班。"

日本团员听了，都露出羡慕不已的神情。

"那么，提到日本，你会立刻联想到什么？"另一名团员问。

"过劳死（karoshi）。"德国绅士以清晰的日语发音回答。

全体团员霎时甚感尴尬，静默半晌，无言以对……

企业的微笑曲线

每次出差到东京参加会议，都很庆幸自己不是在日本上班。

在早晨的尖峰时刻，整列电车挤满了身着深色西装、手提公文包的上班族。每个人的衣着打扮均极为相似，犹如身穿同一家公司的制服，而且脸上总是神情漠然、不苟言笑。在摩肩接踵却出奇安静的车厢里，让人感受到一股莫大的无形压力。

为了舒缓上班族的压力，日本开始出现教导民众如何微笑的专业学校，也有企业积极开发与微笑有关的产品，一个"微笑产业"俨然成形，背后潜藏着庞大的"微笑商机"。某家知名的相机大厂甚至开发出"微笑快门"，号称能瞬间捕捉画面中人物最灿烂的笑容。

宏碁集团创办人施振荣曾提出"微笑曲线"理论，除了画出的图形看似一抹微笑外，同时也希望企业界的大老板们能因为这个理论而微笑。

在第 57 页附图上方的"微笑曲线"中，纵轴是企业附加价值，横轴是随着时间推移所产生的三个阶段：研究开发、生产制造与品牌营销。对于以代工为主的经营模式，因产品生命周期短，原本的利基产品将迅速变成微利产品，所以生产制造所衍生的附加价值落在曲线的底部。

在曲线的左端是研究开发，是以创新为基本要求，不走"跟风"路线，以截然不同的思考模式，打造具有崭新概念的商品，开拓未曾开发的市场，所以能为企业创造高额的附加价值。

在曲线的右端则是品牌营销，包括品牌创立、渠道管理及售后服务等，利用品牌优势拉开与竞争者之间的距离，借由营销渠道扩大产品的市场占有率，并加强售后服务，以赢得顾客的信任。对于品牌营销的投资可以直接提升企业的实际利润，所以亦能产生高额的附加价值。

个人工作的微笑曲线

施振荣的"微笑曲线"对你的时间管理策略有何启发呢？我提出"个人工作的微笑曲线"供你参考。

右页附图下方的微笑曲线图中，纵轴是工作附加价值，横轴是依时间推移所产生的三个过程：计划思考、日常业务／杂务和实现业绩。

上班族每天汲汲营营地工作，处理许多例行事务，例如搜集信息、汇整报告、晨间汇报、拜访客户、电话联络、批示文件等，这些事项占据了你大部分的工作时间，也是导致你非常忙碌的主因。但这些事情未必能转化成真正的业绩，所以随之而来的附加价值也极为有限，故落在个人工作微笑曲线的底部。

在个人工作微笑曲线的左端是计划思考。过分冲动行事只会误了大事，反之，终日浑浑噩噩，只等着时间一到就下班，同样也不会有大成就。分段订定自己的工作方针与营业目标，仔细规划工作日程，审慎思考工作策略，才可帮助你

微笑曲线

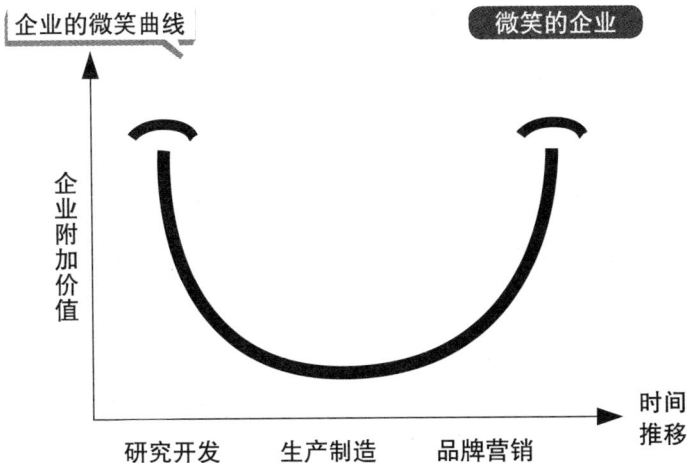

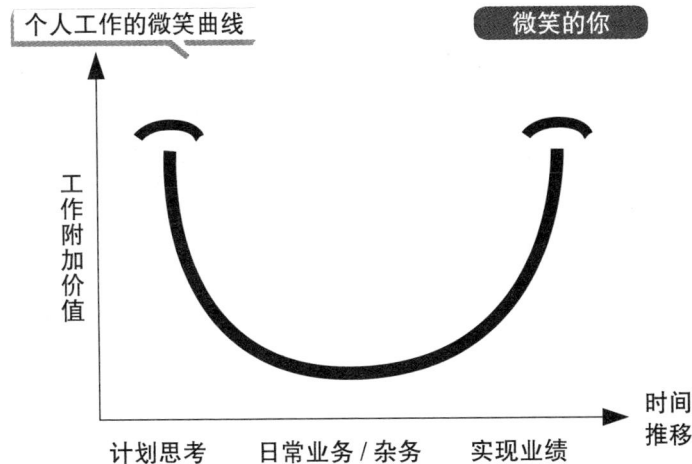

在第一步就走对方向，不至沦于徒劳无功，故计划思考能够为自己创造可观的附加价值。

在个人工作微笑曲线的右端是实现业绩。就算老板再大方，还是会要求你交出实际业绩，纵使你朝九晚五、按时上下班，没有业绩就无法向公司交差。在不同职场中，对业绩的定义各不相同。工程师的业绩来自生产量，研发人员的业绩来自专利数，房产中介的业绩来白成交金额，保险专员的业绩来自保单数，银行理财专员的业绩则来自客户的投资金额。

这些各类业绩的实现，直接关系到公司营运的好坏，业绩的高低与公司的获利率成正比，故亦能带来高额的附加价值。

深口型及广口型微笑曲线

在了解个人的工作微笑曲线后，是否知道如何调整你的工作时间，让自己能以较轻松的方式，获得最大的工作附加价值呢？

为了说明调整时间的方式，我另外补充两个不同形式的微笑曲线图，供你作为参考：

◎ 深口型微笑曲线——

微笑曲线

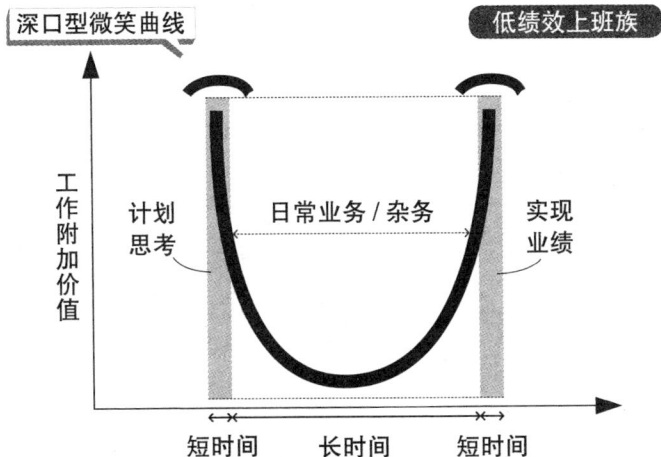

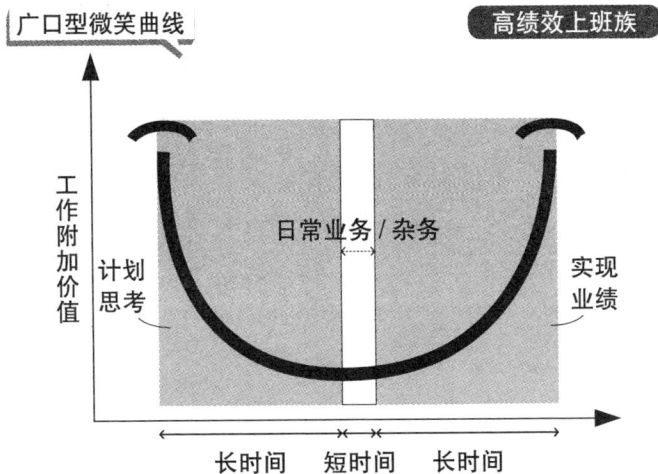

此类型的工作者将大部分时间耗用在日常事务上，以致无暇详细计划，也无暇仔细思考。由于仅将少量时间投注在可真正产生业绩的工作上，故整体绩效低落、表现不佳。

◎ 广口型微笑曲线——

这类型的工作者将有限的时间，分配给微笑曲线左、右两端的高附加价值区块，也就是将大部分时间用于计划思考及实现业绩，仅留下少量时间迅速处理低附加价值的日常事务。虽然深口型工作者投注在工作上的时间与广口型工作者相同，但后者却能创造出数倍于前者的实际绩效。

如果你不想当个工作至筋疲力尽、绩效却乏善可陈的上班族，建议你想办法调整自己的工作时间分配吧！请将处理日常事务的时间缩短，并尽量延长从事计划思考及实现业绩等高附加价值事项的时间。

计划思考、日常业务与实现业绩之间，最佳的时间分配比例建议是 40%：20%：40%，如此应可创造出最大的工作附加价值。

如果你暂时无法达成这个比例，请无须心急，只要逐步改变，努力朝此目标迈进，假以时日必能看见成效，届时老板将会对你微笑，你自己更会开怀大笑！

9

重要与紧急的四象限图

——巴菲特的投资哲学

投资大亨只寻找绩优股投资；工作大师只针对重点下功夫。

两者的共通点，就是决定投资或工作的优先次序。

巴菲特的投资哲学

沃伦·巴菲特是美国华尔街的投资大亨，亦有"股神"之称。在经济不景气的时代，成了苦难股民及破产公司的"救世主"。

他一开始向亲友募集了105000美元作为创业基金，以其独到的精准投资眼光，累积数百亿美元的巨额资产，其个人财富远远超越洛克菲勒、卡内基等工业巨擘。

巴菲特的投资哲学为广大群众所津津乐道，每年亦有数以万计的粉丝争相高价竞标与他共进午餐的机会，全是为了亲耳听到大师传授投资成功的秘诀。

巴菲特是一个棒球迷。超级打击手泰德·威廉斯的打击概念，为他的诸多投资策略带来启发。威廉斯强调在打击时，关键不是要击中投手投出的每个球，而是要打中容易得分的好球。任意出手，只会落入遭到三振出局的命运。

巴菲特彻底奉行威廉斯的理念，绝不轻易出手投资，一直耐心等待最佳时机出现。一旦机会降临，则会全力以赴，出手快狠准。

他永远选择重点企业作为投资目标，而非霰弹打鸟式地分散有限资源；也只选择对他本身而言具有竞争优势的企业，这个竞争优势包括他对产业的理解程度，以及既往参与经营的经验。巴菲特对于自己的竞争优势圈以外的投资案不会动心，也不会予以建议。

巴菲特抓紧重要的投资项目，集中火力深耕与精耕的思维，非常值得大家参考。

重要与紧急的 N 字型法则

一位出版社的总编辑得知我每年撰写好几本著作，好奇地问我："你都是在上班时间写书吗？"

"当然不是啰！"我微笑着说，"我平时要上课、教学

重要与紧急的 N 字型法则

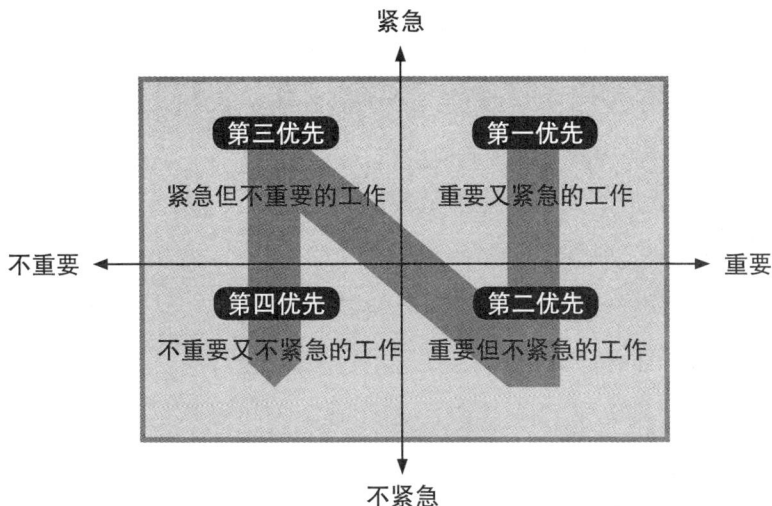

生做实验、带学生做研究，还要开会、写计划、赶论文、交报告，怎么可能在上班时间写书？"

"那你哪来的时间写书呢？"她不解地问。

"做好时间管理啊！"我笑着回答。

那位总编辑请教我提升时间管理能力的技巧，我提出"重要与紧急的 N 字型法则"与她分享。

你可依工作的紧急度及重要性，将不同类型的工作区分为四大象限：

- 第一象限——重要又紧急的工作；
- 第二象限——紧急但不重要的工作；
- 第三象限——不重要又不紧急的工作；
- 第四象限——重要但不紧急的工作。

正确的工作优先顺序应该是：

❶ 第一优先——重要又紧急的工作；

❷ 第二优先——重要但不紧急的工作；

❸ 第三优先——紧急但不重要的工作；

❹ 第四优先——不重要又不紧急的工作。

也就是先从第一象限的工作做起，再依次进行第四、二、三象限的事情，如此连接起来，就成为一个"N"字型，故称为"N 字型法则"。

重要与紧急的四象限图

当你工作极度繁忙、又无法理出头绪时，请利用"重要与紧急的四象限图"，分别填入不同类型的工作，再标出优先次序，这个方法将会帮助你把原本混乱的生活变得井然有序，纠结的思绪也会变得豁然开朗。

在教授时间管理课程时，我很喜欢引领学员填写这个四象限图，可协助学员迅速分析自己的工作状况，改变既有的工作顺序。

　　如果你是部门主管的话，我也非常建议你请同事填写该图表。因为根据同事的填写内容，你可以清楚判断出同事对本身工作的掌握程度，并确实了解同事与你之间在工作认知上的差异。运用简单的填表动作，即可协调部门同事的步调，并提高群体时间管理的能力。

　　明伦是一家公司的业务部主管，他平时的工作习惯是随手在笔记本上记录应做之事，先写的先做，后登记的则后做。纷杂的工作，总是将他的有限时间切割得支离破碎。

明伦的重要与紧急的四象限图

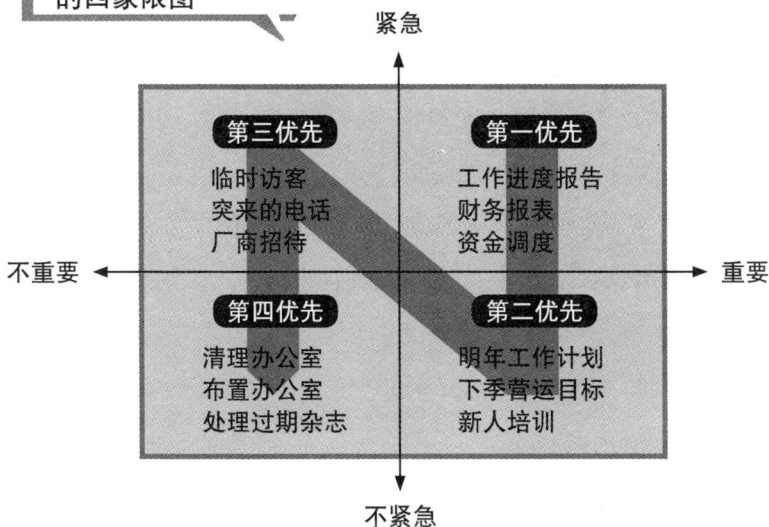

	紧急	
第三优先		**第一优先**
临时访客 突来的电话 厂商招待		工作进度报告 财务报表 资金调度
不重要 ←		→ 重要
第四优先		**第二优先**
清理办公室 布置办公室 处理过期杂志		明年工作计划 下季营运目标 新人培训
	不紧急	

　　他的主要问题在于只是机械式地依照笔记本的登记顺序工作，却往往会为了小事而耗费许多时间，等到快下班时，才发现许多重要的大事均尚未着手进行。结果虽然他十分努力工作，却未能交出良好的绩效表现。

　　我建议他自行做个"重要与紧急的四象限图"分析，重新规划工作顺序。分析结果如上图。

　　明伦将工作事项分类填表后，赫然发现自己平时做了许多"紧急但不重要"的小事，而"重要但不紧急"的事却迟迟未动手进行，难怪主管会不断催促、紧迫盯人。

　　依"N字型法则"，第一优先进行的永远是"重要又紧急"的事，例如先完成工作进度报告、财务报表、资金调度等大事。

　　第二优先则处理"重要但不立即产生影响"的事，例如明年工作计划、下季营运目标、新人培训等。

　　第三优先再处理"紧急但不重要"的小事，例如接待临时访客、突来的电话、厂商招待等。

　　最后再进行可做可不做的"不重要又不紧急"的事，例如清理办公桌、布置办公室、处理过期杂志等。

　　明伦重新调整工作的优先顺序后，发觉效率大为提高，现在除了能准时下班外，也有了更突出的工作绩效表现。

重要与紧急的定义

在指导学员填写"重要与紧急的四象限图"时,我注意到一个有趣的现象:许多上班族似乎对于"重要"与"紧急"的定义感到混淆不清,无法准确地将工作事项分别填入四个象限中。

为了让学员清楚明了重要与紧急的含义,我以第68页的图来说明。

◎ **紧急与不紧急——**

把工作的完成目标想象成是一个公车站牌,眼看着最后一位乘客已经上车,你要搭的公交车随时就要启动离站。这时如果你距离站牌很近,轻松跑个两三步就能赶上公交车,自然觉得"不紧急";但是,如果你距离站牌很远,拼命跑还不知能否追上公交车的话,当然会觉得"非常紧急"。

所以紧急的程度与你和目标物之间的距离有关。距离越近,越觉得轻松;距离越远,越感觉紧急。

◎ **重要与不重要——**

把不同阶段或步骤的工作当成是堆积木,堆砌成你心中所想象的模样,便是完成了工作。每一块积木都是独立的个体,形状有大有小,位置也各不相同。

当移除某一块积木后,整体架构若丝毫不受影响、屹立不摇,那块积木就相当于不重要的工作;当移除某块积木

紧急与重要程度的判断

紧急与不紧急

目标
Target

轻松走！

用力跑！

不紧急

紧急！

重要与不重要

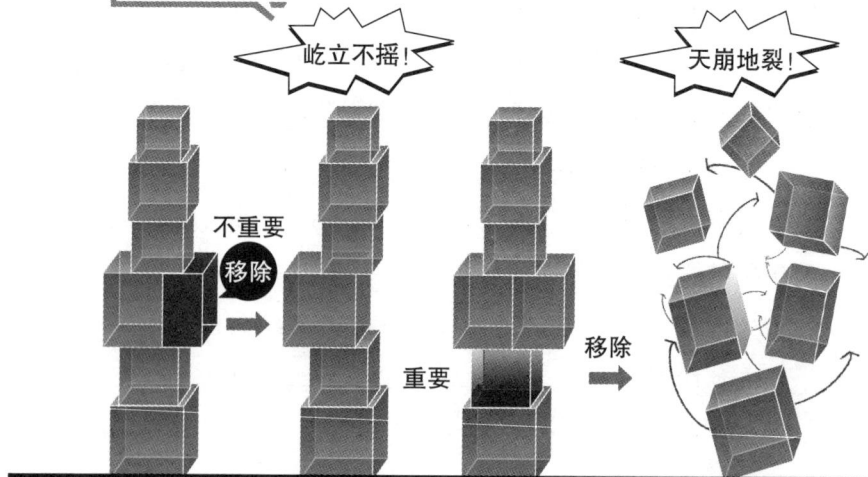

屹立不摇！

天崩地裂！

不重要
移除

重要

移除

后，整体架构若瞬间崩塌、彻底瓦解，那块积木就相当于重要的工作。

所以重要与否应视影响全局的程度而定，而影响程度的大小则决定重要性的高低。

懂得善用重要与紧急的四象限图，它会帮助你如同巴菲特一般，选中正确的投资目标，获得最大的投资效益。让你在不景气的时代，受到最小的伤害，获得最大的利益。

10 同心圆的 N 字型法则
——半导体业新人的四怕

公司由个人组成，个人是公司的最小"单位"，位于同心圆的核心。

同心圆由内至外，每一成员步调必须一致。

半导体业新人的"四怕"

半导体业是台湾最主要的高科技产业。每年骊歌轻唱过后，数以千计的高阶理工人才涌入各地的科学园区，共同为打造半导体王国而努力，并一圆个人的事业梦。

我的学生进入半导体公司任职后，回学校告诉我，半导体业的新进员工最怕四件事情。

第一是怕交接，唯恐半夜遇到紧急状况时求助无门；第二是怕检查，在开会时被各级主管问得瞠目结舌、哑口无言是家常便饭；第三是怕吃饭，因为虽到了吃饭时间，却不知可否离开机台或办公室去用餐；第四是怕下班，工作没做完时，担心要加班到很晚，就算工作做完了，也不敢下班，因为老板还没离开。

"那你什么时候可以下班？"我问。

"大概要等到其他人都走光了，我才敢下班。"他满脸无辜地说。

"你都几点下班？"我再问。

"晚上十点左右。"

"为什么这么晚？"

"工作做不完啊！"

"你有用老师的'重要与紧急的四象限图'排列工作的优先顺序吗？"

"有啊！"他点点头，"但是，老板不断交办其他临时任务。他一交代额外的工作，就打乱我原本的计划。我该如何解决这个问题呢？"学生苦恼地说。

我很想帮助他，"我教你一个方法。在主管交代工作后，要再追问一句话。"

"是哪句话？"

"请问他'这项工作何时要完成'。"

"为什么呢？"

"因为确定截止日后，你就知道有多少时间可以完成主管交办的工作。"

"如果觉得还是来不及做完的话，该怎么办？"

"那就请主管帮你决定手上工作的次序，问他何者必须优先完成。这样的话，你就可以依主管的建议，调整原先的计划，先帮主管完成他交办的事项。"

他点了点头。

"满足老板的要求很重要，"我补充了一句，"因为你的考绩及年终奖金都操控在他手中喔！"

我的学生会心地一笑。

重要与紧急的四象限阶梯图

上一节介绍过"重要与紧急的四象限图"后，在本节中，要进一步补充说明阶梯图，接着再阐释同心圆的概念。

当自己分别衡量各类事务的轻重缓急，并在"重要与紧急的四象限图"中填入各项工作后，可再针对同一象限内的数种事务，依照对工作成果的贡献度排出优先顺序，并罗列在不同阶梯上，形成"重要与紧急的四象限阶梯图"。

以上一节明伦的四象限图为例，在重要又紧急的第一象限中，他列出三件事情：工作进度报告、财务报表及资金调度。从公司营运的观点来看，资金调度的贡献度大于财务报表的贡献度，而财务报表的贡献又大于工作进度报告的贡献度，所以他应该先进行资金调度，再完成财务报表，最后才缴交工作进度报告。因此资金调度应列为第一阶，财务报表

重要与紧急的四象限阶梯图

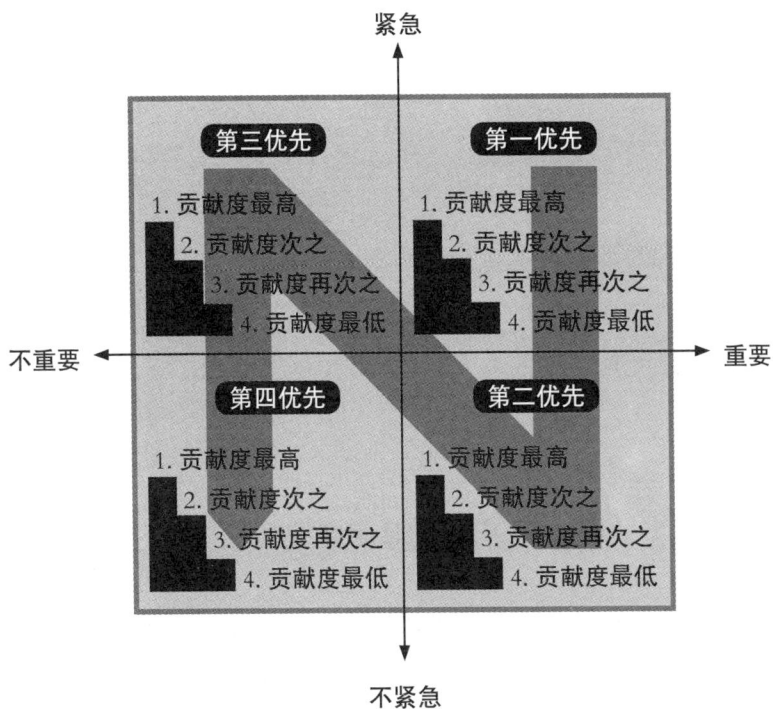

紧急

第三优先

1. 贡献度最高
2. 贡献度次之
3. 贡献度再次之
4. 贡献度最低

第一优先

1. 贡献度最高
2. 贡献度次之
3. 贡献度再次之
4. 贡献度最低

不重要 ←   → 重要

第四优先

1. 贡献度最高
2. 贡献度次之
3. 贡献度再次之
4. 贡献度最低

第二优先

1. 贡献度最高
2. 贡献度次之
3. 贡献度再次之
4. 贡献度最低

不紧急

为第二阶，工作进度报告为第三阶。

在明伦的第四象限中，有三件重要但不紧急的事：明年工作计划、下季营运目标及新人培训。公司目前人手充足，所以新人培训并非当务之急。从公司的角度来看，这三件事情的贡献度为：下季营运目标大于明年工作计划，而明年工作计划又大于新人培训，所以应当先行着手规划下季营运目标。因此下季营运目标应列为第一阶，明年工作计划为第二阶，新人培训为第三阶。

阶梯式罗列的优点是不用同时进行同一象限内的所有事务，而是按照阶梯的高低，由上往下依次进行，可帮助自己井然有序地处理完各类事务。

同心圆的 N 字型法则

在一家公司中，有许多不同阶层的主管，当各级主管交办事务时，有时确实会干扰基层员工原有的工作计划。

让我们从公司组织的角度来思考这个问题。我画了一个同心圆图来说明公司的结构（请见第 76 页附图）。

一家公司中，个人是最基本的“单位”，由许多个人组成某一部门，再由众多部门集合成一家公司。循此概念，个人是图形的最内圈，往外扩大形成中圈的部门，最后再扩大形成最外圈的公司，如此即构成同心圆图。

当个人检视自己的工作状况，将各项工作分别归类至四大象限后，需依 N 字型法则，先进行第一象限重要又紧急的事情，最后才做第三象限不重要又不紧急的事，如此即构成同心圆最内圈的"小 N 字"。

若部门内的同事上下一心，对工作及任务看法一致，自然会秉持同样的理念，按照与个人相同的重要与紧急的法则来考虑，将诸多事务排列成一样的优先顺序，如此即构成同心圆中圈的"中 N 字"。

如果公司各部门均有相同的共识，齐心协力合作，个个皆明了公司的发展方向及必达成的目标，自然会根据与部门相同的重要与紧急的法则，规划出众多事务的优先次序，如此即构成同心圆最外圈的"大 N 字"。

当个人、部门、公司均依循 N 字型来安排工作时，便不至于发生优先顺序有所冲突的问题。所以身为老板或上司在交付任务前，应当先行了解该任务是属于第几象限，而非一味要求部属必须于第一时间完成交办的工作。一旦上司与部属对工作优先次序的认知有所不同，必须及早沟通协调，相互交流意见以达成共识，力求让全体成员采用相同步调前进。

你可以参考我给予学生的建议，当主管交代工作时，

同心圆的工作概念

以个人为核心的同心圆

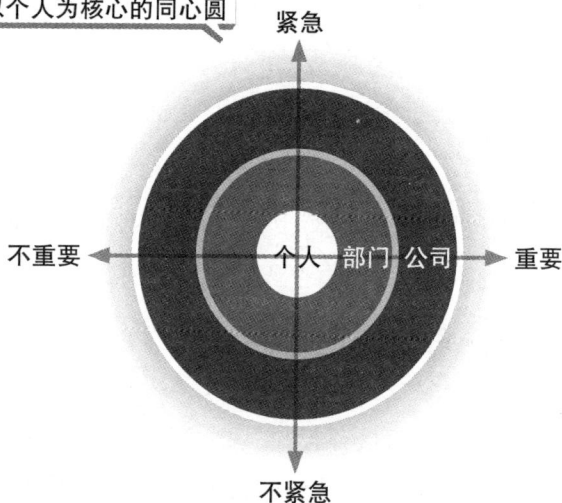

紧急

不重要 — 个人 部门 公司 — 重要

不紧急

重要与紧急的同心圆图

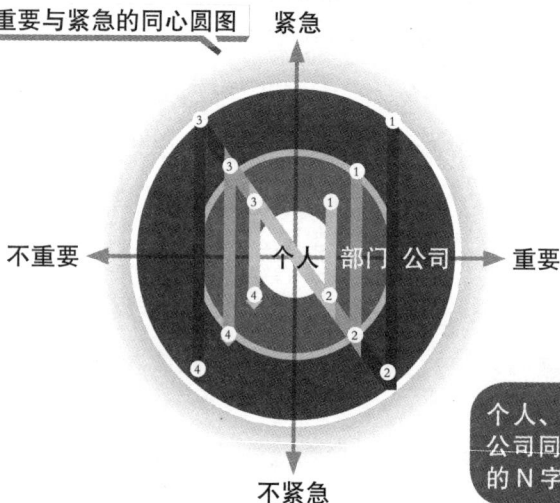

紧急

不重要 — 个人 部门 公司 — 重要

不紧急

个人、部门、
公司同步行动
的 N 字型法则

请先询问工作的截止日。若预估无法按时完成，请主动与主管沟通，调整优先顺序后再予执行，为部门的整体绩效贡献心力。

　　"重要与紧急的四象限阶梯图"用途在于提高个人的工作效率；"同心圆的 N 字型法则"则是用来提升公司全体的工作战力。

11 时间管理的 4P 与 4C 理念
——企管营销的 4P 与 4C

企业管理是管企业，时间管理是管时间。

"4P"及"4C"的概念可用于管理企业，同样可用于管理自己的时间。

业务专员的 80/20 法则

我在一场演讲中遇到一位在保险公司担任业务专员的学员。他说自己是新人，所以积极地想有所表现。他急需开发客户，于是努力收集资料，列出一大张潜在客户名单，每天"按表操课"，四处拜访，竭尽所能地想将名单上的潜在客户变成实质保单。

想不到东奔西跑三四个月，拜访了许多客户，业绩却乏善可陈，主管与他自己都极不满意目前的状况。

他说出困扰许久的问题后，我想了一下，说："你努力的方向好像错了耶！"

"真的吗？"他有点惊讶。

"是啊！你的目标应该不是要拜访完所有的客户，而是要达成预定的业绩。"

"对！那我该怎么做呢？"

"你听过 80/20 法则吗？"

他摇摇头。

"一般而言，80% 的业绩来自 20% 的大客户，其他 20% 的业绩则来自 80% 的小客户，这就是 80/20 法则。"我为他说明。

"那我该如何调整？"

"建议你将客户分类，把大部分的时间与资源投注在大客户上，再将剩余的时间与资源留给小客户。一旦大客户开发成功后，再回头拜访小客户也不迟。"

我看着他说："努力达成预设的业绩，才是最重要的工作目标！"

那位学员点点头，感谢我提供给他的建议。

企管营销的 4P 概念

那位业务专员是商学院毕业，曾学习过企业管理的相关课程。

企业管理是一门复杂的学问。为了提高营业额及利润率，营销是企管中不可或缺的重要环节。

企管大师美国密歇根大学的杰罗姆·麦卡锡教授，提出著名的"营销 4P 概念"，用以强化企业的营销能力：

• Product——产品。新产品真正上市前，须清楚了解该产品的功能，改善市场既有产品的缺点，提升产品整体性能，并赋予精良的设计与包装。

• Price——价格。先分析生产成本，再比较竞争者的价格，考虑市场接受度后，订立目标价格，并安排折扣方案。

• Place——渠道。思考产品的可能流通方式，分析各类渠道的优缺点，设计可行的渠道模式，架构完整的渠道系统。

• Promotion——推广。评估目前市场的环境与气氛，选择适当的推广目标，通过媒体宣传及举办活动，达成提升业绩之目的。

时间管理的 4P 理念

了解营销的 4P 概念后，接下来介绍我自行思考出的时间管理的 4P 理念：

1. Product——时间的产品

上班并非为了耗用一己之生命，更不是为了打发时间。

在工作时，应思考某个时段所产出的"产品"为何？对达到预定目标的贡献何在？没有"产品"产出的时段，即属于虚耗的时间。

2. Price——时间的价格

时间是无价之宝，不过对上班族而言，工作的时间是有价的，其价值高低反映在你的时薪之上。如果工作的贡献度与时薪不成比例，就会沦于遭减薪或被炒鱿鱼的悲惨命运。了解自己的工作时间的价格，就会更加珍惜自己的时间。

3. Place——工作的场所

工作环境影响工作效率甚大，所以选择舒适、不受打扰的环境，是提高工作效率的不二法门。如果可以，你不妨躲到无人的档案室或会议室，专心进行手上的工作；或者关上办公室大门，暂时谢绝访客，让自己专心振笔疾书；或者你可以提早上班，在同事到来之前，心无旁骛地加速处理事务。

4. Promotion——效率的提升

产品的 promotion 是为了提升业绩，时间的 promotion 则是为了提升效率。在业务量暴增的单位，要完成工作，只有两种方式：增加时间或是提高效率。想要缩短工作时间，又要准时下班，关键就在于提高效率。观念的正确化、态度的积极化、管理的科学化，是提升时间利用效率的重要助力。

企业管理与时间管理的 4P 概念

企业管理的营销 4P 概念

Product
产品

Promotion
推广

Price
价格

Place
渠道

企业管理

个人管理

时间管理的 4P 理念

Product
时间的产品

Promotion
效率的提升

Price
时间的价格

Place
工作的场所

企管营销的 4C 概念

美国企管专家罗伯特·劳特朋另外提出营销的 4C 概念，与上述的 4P 概念相互呼应：

•Customer's need——顾客需求。推出产品的首要目的是满足顾客的需求，而非展现设计者的创意。顾客的满意程度越高，产品热卖的概率就越大。

•Cost to customer——顾客成本。售价必须考虑顾客可接受的价格，而非仅着眼于公司的获利。合理的利润才是永续经营的保证。

•Convenience——顾客便利。产品必须为用户提供便利性，避免增加顾客的困扰，使顾客能够迅速达到使用该产品之目的。

•Communication——顾客沟通。推广产品的过程中，必须积极增加与顾客沟通的机会，减少不必要的误解，以实际行动争取客户的信任。

时间管理的 4C 理念

如何运用企管营销的 4C 概念来管理自己的时间呢？提出以下的想法供你参考：

1.Customer's need——顾客的即时需求

顾客的需求不能延迟响应，应尽可能予以迅速满足。让客户满意的速度，决定于你所耗费的时间长度。

2.Cost to customer——顾客的时间成本

产品上的标价是有形的价格，顾客需花费的时间则是无形的价格。将顾客等候采购、摸索学习、等待维修的时间尽量缩短，就等于降低顾客的时间成本。

3.Convenience——顾客的时间便利

我们要节省自己的时间，也应思考如何节省顾客的时间。能为客户提供最大的便利性，节省更多的时间，无形中就提高了产品的附加价值。

4.Communication——顾客的即时沟通

要化解因信息不足所产生的误会，最佳的方式就是实时沟通。请谨记，让顾客等待就是增加对方的无形成本，也容易导致误会无形加深。

你可将同事及老板视为广义的"顾客"，在定时内满足他们的需求，降低他们的时间成本，提升他们的时间便利性，与他们做即时的沟通，如此便可帮助自己在职场上无往不利。

善用时间管理的"4P理念"及"4C理念"，你将会是驰骋职场的成功达人！

企业管理与时间管理的 4C 概念

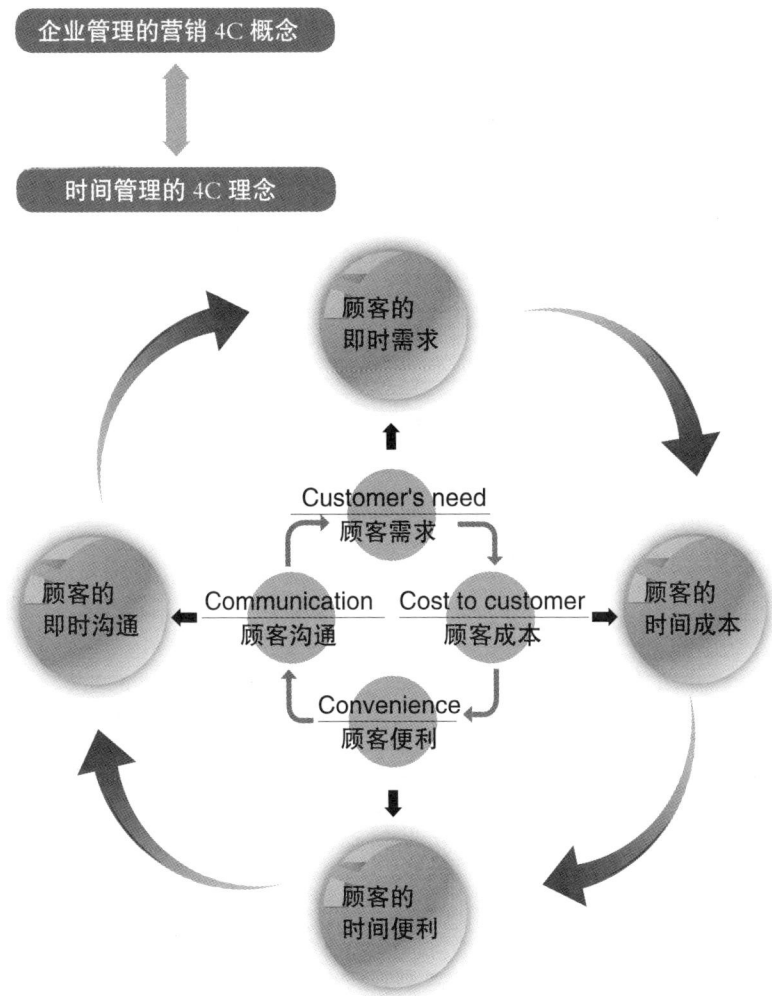

企业管理的营销 4C 概念

时间管理的 4C 理念

顾客的
即时需求

Customer's need
顾客需求

顾客的
即时沟通

Communication
顾客沟通

Cost to customer
顾客成本

顾客的
时间成本

Convenience
顾客便利

顾客的
时间便利

086 效率第一
　　——如何正确管理时间

12　时间管理的微分与积分法则
　　　　　　——何飞鹏的快速工作秘诀

时间管理并不仅是需要运用加法及减法。

数学的微分，可让你确立分段工作目标；

数学的积分，则可让你累积零碎的时间。

何飞鹏首席执行官的工作秘诀

先来说个城邦集团何飞鹏首席执行官的故事。

他在就读大学时，曾利用暑假到邮局打工，工作内容是负责分拣邮件。

面对堆积如山的邮件，要迅速找到邮政编码或地址，再按照不同区域加以分类，是一件非常劳心劳力的事。他刚开始极度适应不良，一度想放弃这份苦差事。

为了让自己迅速适应，并排遣工作上的无聊，他想到一个方法——与自己竞赛。以每三分钟为一个单位，试试自己每个单位可以分拣多少邮件。一开始计算时，数量不多，成效不彰。后来他不断研究整个流程，将各个步骤拆解成不同的动作，逐一改进后，再反复测试与练习，结果他分拣邮件的速度竟然加快了数倍之多，和邮局最有经验的老手不相上下，还获得主管的肯定与奖励。

这个宝贵的经验，让何飞鹏了解到应当研究工作的流程，并体认到分析各个独立步骤是极为重要的。将一件繁复的工作拆解成不同的动作或步骤后，会让事务变得简化，也唯有做好每个环节的动作，才能提升工作效率。

时间管理的微分法则

许多人害怕数学。大学的微积分课程，对很多人来说甚至是噩梦一场。

不过，你知道吗？数学的微分与积分法则，对时间管理是颇为实用的概念。

微积分是谁发明的？这是一个争议许久的问题。

英国科学家牛顿主张是他先发明的，而德国数学家莱布尼茨也宣称是他先建立完整的计算架构，两人的激烈争执甚至还引发英德两国的民族意识冲突。

对你我而言，微积分到底是谁发明的其实无关紧要，重要的是利用微分与积分的概念，可以帮助自己管好时间。

微分是以切割的概念去处理特定区域的问题，积分则是以累积的概念来求得问题的答案。

何飞鹏将分拣邮件的工作做进一步切割，以分析各个基础动作的过程，就是微分的基本概念。

我在当兵的时候接受预官训练，部队规定要跑完5000米。在第一次测验前，我觉得自己绝对不可能跑到终点。

为了达到严格的训练目标，我想到一个自我鼓励的方法。

刚开始跑了500米时，我告诉自己："你很不错，已经跑了十分之一！"再跑到1000米时，又告诉自己："你很厉害喔！跑完了五分之一。"

又奋力跑到2500米时，再为自己加油："太棒了，已经跑了二分之一，只剩下一半而已！"剩下最后1000米时，就自我打气："再撑一下吧！已经跑完五分之四，仅剩下五分之一啰！"

最后咬紧牙根，一口气冲到终点，没想到自己真的可以顺利跑完5000米。

有了第一次的成功经验后，我开始训练自己加快跑步速度。我会留意自己跑了十分之一、五分之一、四分之一、二分之一等特定距离的时间。若前一段时间有所落后，便会在下一段加速，以弥补延迟的时间。运用此法将5000米的长距离切割成不同段落，再分别检验各段落的状况，枯燥的训练因此变得有趣，并大幅提高自己的跑步成绩。

时间管理的微分法则

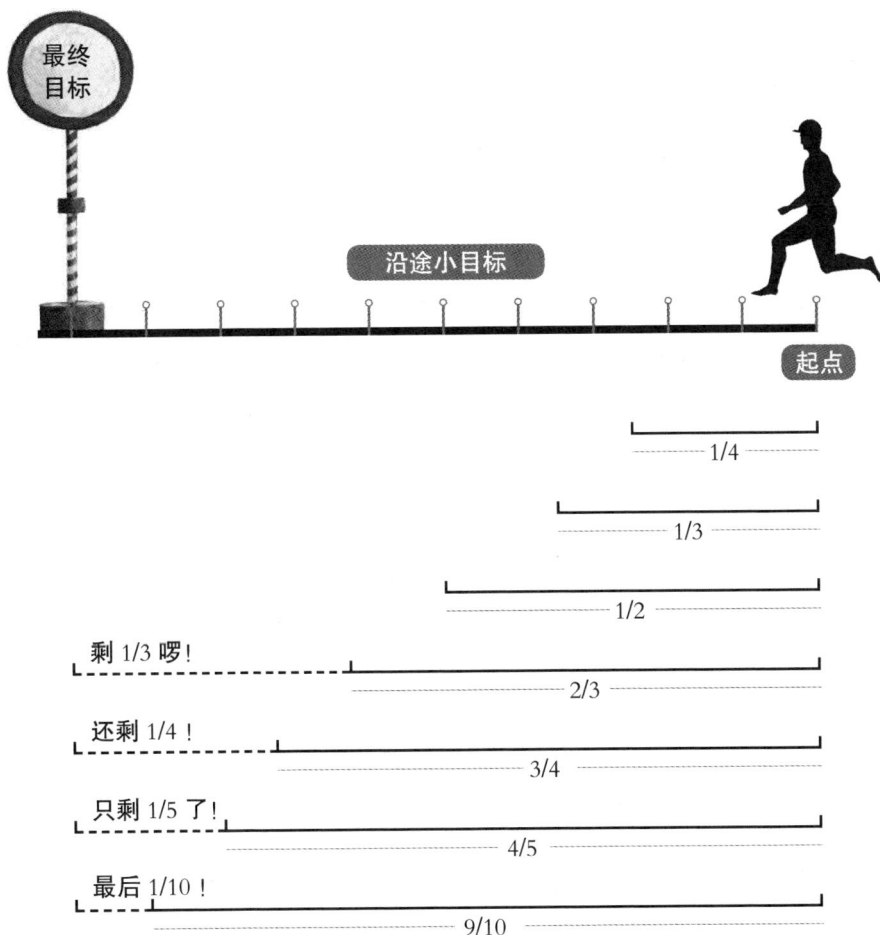

最终目标

沿途小目标

起点

1/4

1/3

1/2

剩 1/3 啰！

2/3

还剩 1/4 ！

3/4

只剩 1/5 了！

4/5

最后 1/10 ！

9/10

从这 5000 米跑步的训练中，我领悟出一个重要的"微分法则"，对日后处理繁重又耗时的工作，带来莫大的帮助。

"微分法则"的概念如下：

1. 将大工作切割成小工作

勿因工作复杂而畏缩，再大的工作都是由小工作集合而成。将大任务"微分"切割成小工作后，会使问题简化，并增强自己完成任务的信心。

2. 替各个小工作订定目标

重大任务的目标并非一蹴可及，但各个小工作的目标却可逐步达成。替每个小工作订定明确的目标后，一旦完成任何一个，就会获得成就感及额外的动力，激励自己再努力朝下一个目标前进。

3. 计算完成各个目标所需的时间

先预估完成各个目标所需的时间，待真正执行时，再比较实际耗时与预估时间的差异。当进度落后，就必须改变方法或加快脚步，让自己可以在限期内顺利完成工作。

时间管理的积分法则

如图所示，我们可将上班时间区分为两大类：完整时间及零碎时间。

时间管理的积分法则

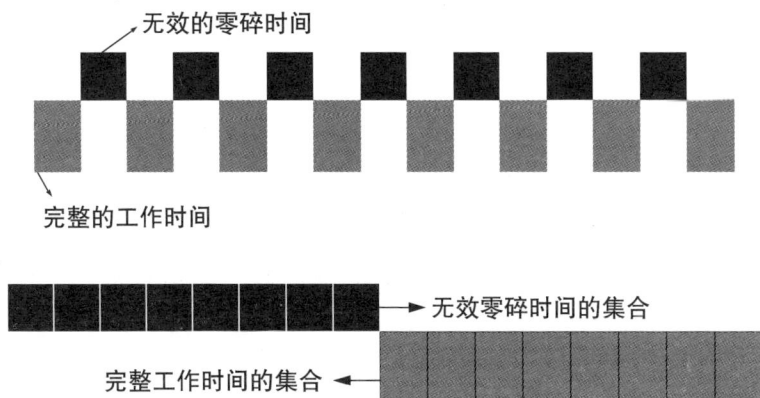

工作低手

无效的零碎时间

完整的工作时间

无效零碎时间的集合

完整工作时间的集合

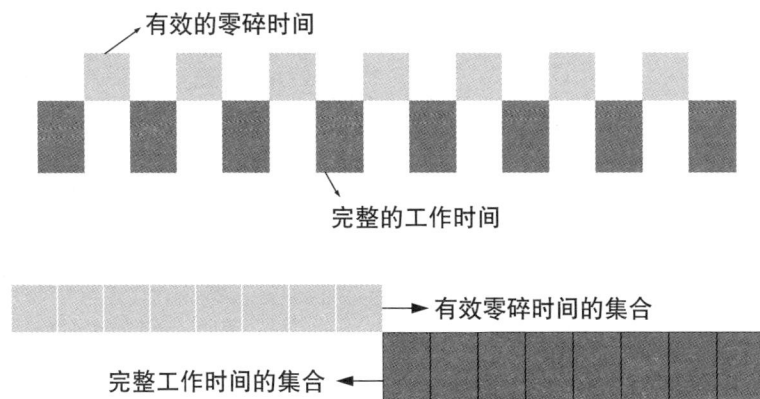

工作高手

有效的零碎时间

完整的工作时间

有效零碎时间的集合

完整工作时间的集合

一般人在完整时间区段中均会认真投入工作，却容易忽略零碎时间的重要性，以为零碎时间无关紧要，但没想到经过"积分"累积后，小时间也可以变成大时间。

零碎时间的无效累积是"空集合"，因为无法带来任何效益。倘若能够积极利用零碎时间，进行在完整时间区段中所不能完成的事，则可使零碎时间有效整合为"实集合"。

完整时间与零碎时间的概念和打棒球非常相似：完整时间是棒球场上的长打，零碎时间则是短打。

要帮助垒上球员顺利奔回本垒得分，必须长短打巧妙并用。

在后面的章节里，我将详述利用零碎时间的技巧。

不论你认为是牛顿还是莱布尼茨发明了微积分，运用"微分法则"及"积分法则"来管理时间，相信你会有意想不到的实质收获！

时间管理策略
通关测验

进行自我评估时，请依自己目前的状况检验。

若已达成，请打√；偶尔能达成或尚无法达成，请空白。当每道测验都填上√时，即表示全数通关！

Review and Check

■ 请在读完本章后，进行第一次的复习及自我评估。

■ 请在一个月后，进行第二次的回忆及自我评估。

■ 请在三个月后，进行第三次的检讨及自我评估。

■■■ 会善用比尔·盖茨的成功三要素：设立明确目标、集中焦点攻击、简化工作内容。

■■■ 平时上班，会采用"三抓三放"的简化工作原则：抓大事、放小事；抓正事、放杂事；抓要事、放闲事。

■■■ 明白与其培养许多株小树，还不如专心栽植一棵大树。大树才有机会高耸入云。

■■■ 上班要微笑，也要注意个人的微笑工作曲线。日常杂务应放在微笑曲线的底部，计划思考与业绩实现要摆在曲线的上部。

■■■ 勉励自己当个"广口型微笑曲线"的上班族，缩短做杂务的时间，尽可能将时间分配于计划思考与业绩实现上。

■■■ 工作之前，会利用重要与紧急的 N 字型法则，安排各项事务的优先顺序，先做重要又紧急的事。

■■■ 了解紧急与不紧急的定义，明辨重要与不重要的差别。前者决定于距离目标日的所剩时间，后者则决定于对整件事情的关键影响度。

■■■ 平时会将工作加以分类，分别填入重要与紧急的四象限图，仔细区分各项工作的轻重缓急。

■■■ 对于同一象限的事，会再依其贡献度做区分，务必从贡献度最大者开始进行。

■■■ 依同心圆法则，使个人的 N 字型原则与部门及公司的 N 字型原则完全吻合，从上至下都采用相同的工作优先顺序。

■■■ 请主管事先说明交办事务中何者必须先完成，以及各项工作的截止期限，以便尽早排入自己的工作计划。

■■■ 会采用企业管理的 4P 管好自己的时间：要求时间的产品（product），思考时间的价格（price），注意工作的地点（place），讲求效率的提升（promotion）。

■■■ 会利用企业管理的 4C 加强与顾客的互动：尽速

满足顾客的需求，注意顾客的时间成本，考虑顾客的时间便利性，积极与顾客即时沟通。

　　■■■ 会采用微分法则，将大事项切割成小目标；也会利用积分法则，将许多小时间累积成大时间。

通关笔记

第三章

提升工作效率

- ◆ 工作效率与环境干扰度
- ◆ 高效率的工作日程表
- ◆ 提升工作效率的秘密武器
- ◆ 工作飞轮的四大动力
- ◆ 提升工作效率的"SMART"法则
- ◆ 职场达人的工作导电材料

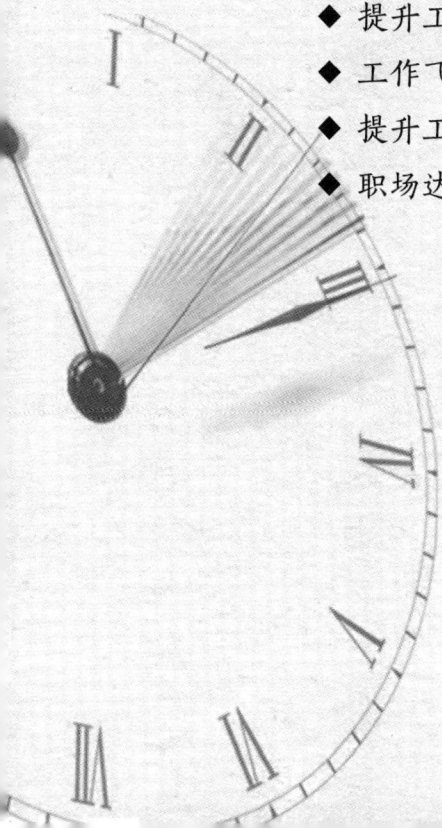

13 工作效率与环境干扰度
——严长寿的提前一小时上班

或许我们无法改变上班的环境，但是可以选择以不同方式因应环境。

正确的因应之道，可让自己愉快地置身于办公室中。

严长寿的提前上班

你听过严长寿的故事吗？他是一位传奇人物，也是众人公认的成功楷模。

在联考录取率甚低的年代，他未能如愿挤进大学窄门，只好在高中毕业后直接入伍，尽国民义务。中学时期曾因故蹉跎了两年光阴，所以退伍时，他已经二十三岁。

要重考大学吗？他想到即使考上大学、顺利就读，毕业时自己年纪已大，将不利于事业上的冲刺。要半工半读吗？又怕自己无法工作与学业两头兼顾。经过仔细思量后，他决定立刻投入职场，踏出事业的第一步。

因学历不高，严长寿一开始遍寻不着合适的工作，只好进入美国运通公司，担任传达小弟。虽然这是一个最基层的职务，但他并未因此看轻自己或妄自菲薄，反而更加努力把握学习的机会。

他发现早上是每个办公室最关键的时刻。大部分同事都是在规定上班时间的那一刻才匆忙现身，立刻就要着手处理昨夜的电报及早上的临时事务，所以马上陷入手忙脚乱的状态。

严长寿注意到这个问题后，开始提早一小时进办公室。他利用这一个小时规划一整天的工作，思考当日事务的进行顺序，安排应做事项的合适路线。因为他养成了先行详加计划并确实掌握状况的习惯，所以能够快速适应公司环境，有效提升工作效率，杰出的表现深获同事赞赏。

没有人因为严长寿只是个传达小弟就轻视他，反而赋予他更重要的工作，让他获得更多的学习机会与磨炼。结果他从一个传达小弟，晋升为业务员、总务主管，最后成为亚都饭店的总裁。

严长寿比别人提早一小时上班，为自己打造了令人钦羡的成功事业。

上班族的工作效率

在一场以高级经理人为对象的研习课程中，我问上课的学员："认为自己工作效率很高的人请举手！"结果举手的人不到四分之一。

再问："认为自己工作效率不彰的人请举手！"竟有超过半数的学员举了手。

缺乏效率的人只有倚赖超时工作，才能完成相同的工作总量。

L 型工作模式

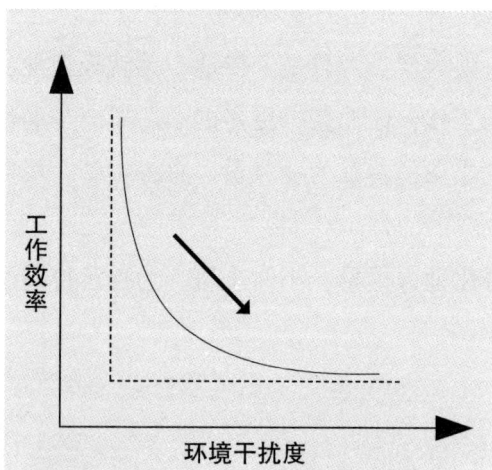

工作效率 ∝ $\dfrac{1}{环境干扰度}$

请参见左页图，工作效率与什么因素有关呢？基本上，与环境的干扰度有关。当环境的干扰越严重时，工作效率越低；反之，当环境的干扰越轻微时，个人的工作效率就会大幅提升。

也就是说，工作效率与环境干扰度成反比。希望提高自己的工作效率，就必须努力降低环境的干扰，或者选择在低环境干扰度的时段内工作。

环境的干扰从何而来呢？办公室内此起彼落的电话铃声会让人分心，同事间的交谈讨论会打断手边的工作，临时的会议会延迟既定行程，突来的访客会占用办公时间，喧哗的外界声响会扰乱思绪。我们注意到这些干扰事项的存在后，就应该想办法避免或因应这些干扰。

请将上班时间区分为不同的时段，再分别针对精神旺盛度及环境干扰度，给予不同数目的星星与叉叉符号。打分数的方法如下：

◎ **精神旺盛度星星数目**

精神最旺盛的时段：　☆☆☆☆　（+4）；

精神不错的时段：　　☆☆☆　（+3）；

精神尚可的时段：　　☆☆　（+2）；

精神最差的时段：　　☆　（+1）。

◎ **环境干扰度叉叉数目**

环境干扰最严重的时段：✕✕✕✕（-4）；

环境干扰严重的时段：　　×××　　(-3)；

环境干扰略少的时段：　　××　　 (-2)；

环境干扰最少的时段：　　×　　　 (-1)。

上班族的一天

我以凯文的分析结果为例，说明他的上班状况。他在一家贸易公司服务，一人早进办公室后，就习惯先与同事聊聊昨天的八卦新闻，分析今天即将开盘的股市，天南地北聊了好一会儿，才开始做正事。八点至十点的干扰最少，为 -1 分。

十点后，常有临时访客上门讨论业务，会打断原本的工作，十点至十二点的干扰较多，为 -2 分。午休过后，部门内经常召开临时会议，直接影响预定工作进度，一点至三点的环境干扰度大增，为 -3 分。三点至五点，客户的询问电话接连不断，严重影响手上事务的进行，该时段的环境干扰度为 -4 分。

另一方面，以凯文的精神旺盛度而言，早上刚进办公室的精神状况最佳，然后逐渐递减，至下班前已降至最低程度。将环境干扰度的分数加上精神旺盛度的分数，所得的总值就是工作效率度，其表述公式如下：

工作效率度＝环境干扰度＋精神旺盛度

凯文的一天

时间　　状况	上午		下午	
	8：00 － 10：00	10：00 － 12：00	1：00 － 3：00	3：00 － 5：00
环境干扰	同事聊天讨论	临时访客	部门临时会议	洽询电话
环境干扰度	×	××	×××	××××
	−1	−2	−3	−4
精神旺盛度	☆ ☆ ☆ ☆	☆ ☆ ☆	☆ ☆	☆
	+4	+3	+2	+1
工作效率度	+3	+1	−1	−3

　　如上图所示，由分析结果得知，凯文一天从早到晚四个时段的工作效率，分别为 +3 分、+1 分、-1 分及 -3 分。如果暂时无法改变环境干扰因素，他只好因应环境的状况，调整自己的工作顺序。

　　因为他的工作效率度由早上至下午逐渐下降，所以应在早上一进办公室后，立即处理最重要的事项，与同事的聊天寒暄应适可而止。在上午的第二个时段，应安排进行次重要的事务。下午的低效率时段，则可用来处理其他较不重要的零星事情。

　　由于凯文的工作很难于正常下班时间之前完成，于是他会习惯性加班，以处理手上未能完成的工作。下班时间后，空荡荡的办公室虽然环境干扰度降至零，但是工作一整天下来，已是身心俱疲，精神旺盛度也下降趋近于零，所以即便超时加班，由于效率不彰，仍难以迅速完成工作。反之，如果凯文提早上班，又会如何呢？

　　如右页"提早上班的一天"附图所示，在一大早八点以前同事尚未现身前，办公室内一片寂静，故环境干扰度为零，此刻神清气爽、头脑清晰，精神旺盛度为 +4 分，所以加总之后的工作效率度达到最高值（+4 分），是工作效率最高的时段。在下午三点至五点，环境干扰度最高，达 -4 分，而精神旺盛度降至 1 分，加总之后，工作效率度为 -3 分，是一天当中工作效率最差的时段。

　　由以上分析可知，与其效率不彰地加班工作，不如提前上班，在精神饱满时快速完成工作，让自己准时下班，轻松回家享受应有的休闲生活。

提早上班的一天

时间	上午		
状况	8：00 以前	8：00 - 10：00	10：00 - 12：00
环境干扰	无	少	多
环境干扰度	0	× -1	×× -2
精神旺盛度	☆☆☆☆ +4	☆☆☆☆ +4	☆☆☆ +3
工作效率度	+4	+3	+1

最高效率时段

时间	下午		
状况	1：00 - 3：00	3：00 - 5：00	一般下班时间后
环境干扰	非常多	极多	很少
环境干扰度	××× -3	×××× -4	接近 0
精神旺盛度	☆☆ +2	☆ +1	0
工作效率度	-1	-3	0

最低效率时段

你可以利用本页所附的图表，依自己一天的上班状况，自我分析不同时段的环境干扰度及精神旺盛度，寻找工作效率度最高的时段。

严长寿的提早一小时上班，促使他工作效率倍增，最后甚至晋升为大饭店的总裁。你提早一小时上班，也会大大改变自己的人生！

自己一天的分析

时间 状况	上午		
	8：00 以前	8：00－10：00	10：00－12：00
环境干扰			
环境 干扰度			
精神 旺盛度			
工作 效率度			

时间 状况	下午		
	1：00－3：00	3：00－5：00	一般下班时间后
环境干扰			
环境 干扰度			
精神 旺盛度			
工作 效率度			

14 高效率的工作日程表
——上班时间的乾坤大挪移

填写工作日志的要诀并非填满每一格，关键是要在正确的地方填入适当的事项。

"乾坤大挪移"是武林中的顶尖功夫，也是提升上班族工作效率的绝妙招数。

副总的工作日志

我的友人泰德是一位高科技公司的副总，位居要职的他，平时日理万机，需与各个部门开会，商讨重要议题。除了每周的定期会议外，部属也会随时敲门进入办公室，希望进行临时讨论。除此之外，经常还有许多国内外的客户前来拜访，与他商议采购及订单事宜。

他有一位秘书协助安排每天的工作日程，只见工作日志本上，密密麻麻地登记着许多不同的会议及面谈。

泰德亟欲推动各项计划，也期望能够大幅提升公司的业绩，但他始终觉得自己的时间被切割得四分五裂，无法井井

副总的工作日程表

泰德的一周日程表

	周一	周二	周三	周四	周五
8					
				临时讨论	
9		临时讨论	会议		临时讨论
10	会议			接见客户	
11		接见客户			
12					
	午休				
13	接见客户		临时讨论	会议	
14	临时讨论	会议			接见客户
15			接见客户	临时讨论	
16	临时讨论	临时讨论			临时讨论
17			临时讨论		

有条、从容不迫地管理公司，纵然每天下班时总是累得精疲力竭，但工作依然效率不彰。

他翻开某一周的工作日程让我参考，只见他的秘书将各部门要开的会议杂乱无章地分散在每一天不同的时间。每当有客户要求拜访时，秘书基本上都会顺应客户的意思来安排会面的时间。如果同事临时有要事想与他讨论，秘书也任意安插在日程表上的空白时间。

因此，泰德的上班时间便被会议、访客及讨论切割得支离破碎。

我看了他的工作日志后说："你的秘书十分负责啊！将你的工作日程列得很清楚，不过……"

"不过什么呢？"泰德好奇地问。

"你的秘书好像只负责记录时间，却没有帮你规划时间啊！"

"这是什么意思呢？"

"一位优秀的秘书并非只要负责将老板工作日志上的空格填满，而是应该思考什么格子应填入什么事项，这样才能节省老板的时间，并让他的工作效率发挥到极致。"

"你说得确实没错！"他同意地点点头。

高效率的工作日程表

"那我该怎么做呢？"泰德接着问。

"建议你用'乾坤大挪移'的方法，挪动调整工作日程。"我说。

"那不是张无忌的绝世武功吗？"

"是的，没错！"我笑着说。

我大幅挪动泰德的工作表后，他看了大吃一惊，"怎么会变得如此有次序？"

"我只不过将你的开会时间固定在每天下午一点至二

时间区块的概念

乾坤大挪移后的工作表

	周一	周二	周三	周四	周五
8					
9			完整的时间区块		
10			time block		
11					
12					
			午休		
13	会议	会议	会议	会议	会议
14	接见客户	接见客户	接见客户	接见客户	接见客户
15	临时讨论	临时讨论	临时讨论	临时讨论	临时讨论
	临时讨论	临时讨论	临时讨论	临时讨论	临时讨论
16					
17					

点，会见客户时间是下午二点至三点，而其他的临时讨论全部安排在三点至四点罢了！"

"这样的话，我就有完整的时间区块，可以专心工作及思考了！"泰德高兴地说。

时间的乾坤大挪移术

我们来思考一下"乾坤大挪移"的基本概念：

1. 安排特定时间区块进行例行事务

例如将各部门的每周工作汇报均安排在下午同一时段，如此一来，报告者及与会者都不会轻易忘记时间，也不会因为开会而干扰到属于自己的完整时间。

2. 主动调整客户到访或临时讨论的时间

可设定下午某一固定时段接见访客。如果访客不方便于某日前来，就请他另择他日的同一时段再来造访，才不至于因客户的突然到访而干扰原本的工作。

如有同事临时提出讨论的要求，若非刻不容缓的急事，则可安排在特定时段与同事商谈。

3. 尽量腾出完整的时间区块

只要妥善将例行事务或临时访谈排入特定时段，自己拥有的完整时间区块就会显著变大，我将这些时间区块称为

"完整时间区块"（time block）。完整时间区块越多、越大的人，工作效率也会越高。

或许我们尚未位居高职，没有秘书帮忙安排工作日程，但仍应尽可能积极争取安排工作日程的主动权，尽量将例行事务安排在同一时段内进行，以努力放大自己的完整时间区块。当你发现工作日志上的完整时间区块越来越大、越来越多时，自己的工作效率也会在无形中大幅提高。

张无忌的绝世武功"乾坤大挪移"让他称霸武林，也可助你在职场上快速往前奔驰！

15 提升工作效率的秘密武器

——澳大利亚国家公园的萤火虫

提升工作效率的最佳武器，并非掌握在别人手里，
其实它就在你自己的手腕上。
手表是最便宜的时间管理工具。

澳大利亚的美丽萤火虫

澳大利亚黄金海岸的国家公园里，在瀑布旁有一座天然洞穴，可以观赏到成千上万的"萤火虫"，在黑夜里散发出美丽而神秘的蓝绿光，犹如夜空中闪耀着点点繁星的银河。

其实这些不是真正的萤火虫，而是一种类似萤火虫般会发光的南光虫（glow worm）。在幼虫时期，它们的身形状似蚯蚓，会吐出数条细丝，将身体悬吊在岩石上，在夜间尾部会发出荧光，借以吸引昆虫接近，再利用具有黏性的丝线捕捉食物。待长成成虫后，它们就会挥舞翅膀，撞上幼虫吐出的丝线，将自己的身体奉献给下一代，成为幼虫成长的养分。

这是南光虫令人感动的一生。

有时想想，那些幼虫吐出的细丝好比是牵绊着你我生活的工作。工作的丝线维系着自己的生活，但也同时牵制了自己的行动。

在个人生活与上班工作之间，必须想办法取得适当的平衡。

保险人员的烦恼

有一次讲授时间管理的课程后，一个学员前来问我问题。

他说自己在一家保险公司任职，公司为了激励同事争取保单，每个月都会列表公布个人业绩。但是每次成绩公布后，他总是垂头丧气、郁郁寡欢，因为始终无法名列前茅，也拿不到公司发出的奖金。

"我的业绩老是不见起色耶！"他愁眉苦脸地说。

"你有积极拜访客户吗？"我问。

"有啊！"

"你有详列客户名单吗？"

"有啊！"

"你有做拜访时间的规划吗？"

"有啊！不过……"他欲言又止。

"不过什么呢？"我续问。

"与客户聊得起劲时，经常会忘了时间，所以与下一位客户的约会经常迟到。"

"你为什么要与客户聊很久呢？"

"因为要增进与客户的感情，并拉拢关系啊！"

我想了一会儿，又问："你平常有戴表的习惯吗？"

他摇摇头说："没有，我都是用手机看时间。"

"你不看表的话，又如何能掌握时间呢？"

"可是，在客户面前看表，不是很失礼吗？"他有点不太认同。

"话虽如此，可是，"我笑着学他的口气，"如果你耽搁了第一位客户的宝贵时间，又让第二位客户焦急等待的话，不就更失礼，并给对方留下不好的印象吗？"

他以同意的表情问我："那我该怎么做？"

"戴上一只表，再去见客户。先征询客户有多少时间可以与你晤谈。准时抵达，准时离开，不要耽误任何一位客户的宝贵时间。"

我微笑着补充说明："时间是客户的无形资产，守护并珍惜客户的资产，你才可能获得保单。"

他终于露出了笑容。

时间管理的盲点

我们来分析一下这位学员在时间管理上的盲点何在：

◎ 为了与前一位客户聊天，耽搁了后续行程——

与客户聊天固然是拉近彼此关系的方式之一，但是过于冗长的聊天容易导致失焦离题，反而达不到拜访的原始目的，且因此延误后续行程，更给下一位客户留下不良的第一印象。

◎ 用手机看时间，却不习惯戴表——

手机确实有显示时间的功能，但有许多场合其实不方便拿出手机，如此便无法知道确切时间。长期依赖手机，却不习惯戴表的人，会失去对时间的敏锐度。

◎ 不方便在客户面前看表——

在客户面前高举手腕看表，确实是失礼的行为。但是你可以技巧性将手腕放在桌下，略为瞥看手表，或是趁客户转头、阅读文件、暂时离席的片刻看表，即可得知现在时刻。不知道时间，就无法调整会谈进度。

◎ 约定会谈开始时间，但未设定结束时间——

未设定结束时间，就无法有效控制会谈的进行。如果耗费许多时间在寒暄及铺陈，等进入主题后，却因时间紧迫而草草结束，即失去了会谈的意义。所以在会谈前，应先征询客户有多少时间可供晤谈，才是明智之举。

钟表的重要意义

如果你想妥善管理自己的时间，提高工作效率，请重视钟与表的存在。如第 119 页附图所示，钟表有三个重要的意义：

❶ 显示现在时间——钟表如同全球定位系统（GPS）一般，需先标定现在的地理位置，才能判断后续正确的行进方向。知道现在的时间，才可依此调整工作进度。

❷ 了解失去时间——以当下时刻为基准点，估算现在与上一个行程或上一件工作的相距时间，以了解自己在消失的时光内，究竟完成了多少工作，或是浪费了多少时间。

❸ 计算剩余时间——再以当下时刻为基准点，估算由现在至下一个行程或下一件事务的所剩可用时间。唯有确实掌握剩余时间，才能积极有效地进行应做之事。

如何利用钟表来提升自己的工作效率呢？以下提供几点建议：

1. 随时戴上手表

一块准时的表是个人的最佳工作秘书，它可以告诉你现在的时刻，供你计算出从现在到过去与未来的时间。手机并非绝对不能使用，但请当成手表的备用即可。由表上得知现在的时间，会督促自己，加强紧迫感。

2. 在办公室内挂时钟

你可以在办公室的合适角落挂上时钟，方便自己的视线越过访客的肩膀，即可巧妙得知时间的变化。适时结束会谈，是为自己与访客节省时间的明智抉择。适当地改变工作方式和技巧，亦有助于加快自己的工作速度。

3. 在办公桌上放时钟

时钟会督促自己加快工作，也告诉自己何时应去开会，何时应做适当休息。工作与休息时间的合理分配，是提高工作效率的关键。

4. 在会议室里挂时钟

在此处挂时钟的用意在于提醒同事，除了要准时出席，也请准时离席。上班的主要目的不是开会，过多的会议只会消耗同事的士气，占用实际执行业务的时间。唯有尽早开完会，才有时间去做该做的事。

一位科技公司的总经理问我，要如何让部属有效提升原有的工作效率。

我笑着告诉他，最简单又最便宜的方法就是：要求人人手上戴一块表，并在每个办公室及会议室内挂上时钟，即可产生明显的改善成效。

钟表的价值不仅存在于时针与分针的转动之间，更在于督促及激励自己努力工作的心。

　　萤火虫的一生虽然短暂，却能绽放出让人永生难忘的绮丽光芒；一时一刻虽然短暂，只要把握当下，上班族也可以拥有丰富美丽的一生。

时间的 GPS 系统

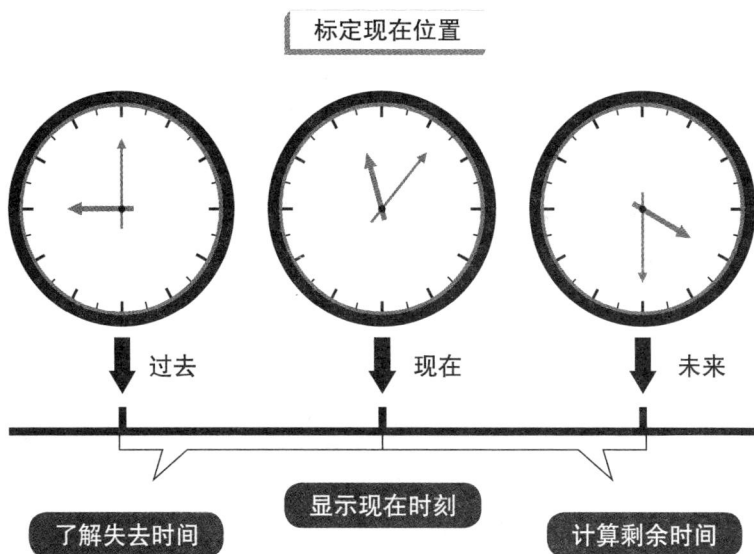

标定现在位置

过去　　　现在　　　未来

了解失去时间　　　显示现在时刻　　　计算剩余时间

1 随时带上手表　　　2 在办公室挂时钟

3 在办公桌放时钟　　　4 在会议室挂时钟

16 工作飞轮的四大动力
——王建民的隧道视野

能由"A"变成"A$^+$",才可出人头地。

不以"A$^+$"为目标的人,极可能连"A$^-$"也得不到。

王建民的伸卡魔球

王建民是台湾之光,投球技术超越群伦,尤其是他的伸卡球绝技,可说是神出鬼没、所向无敌,在美国大联盟掀起一阵旋风。

他投出的球看似直球,但在即将进入本垒板前,却会向右打者的内角、左打者的外角拐弯下沉,往往让打击者捉摸不着而挥棒落空,惨遭三振出局。

在体育界中,棒球被称为"最有挫折感"的运动,因为即使再顶尖的选手,打击率也不过三成而已,这意味着每一百次上场打击,就有七十次得面临失败,黯然下场。

为了培养最优秀的投手及打击手,"隧道视野"的训练是重要的关键课程。选手必须养成习惯,即使面对数万观众的欢呼声及鼓噪声，也要全神贯注紧盯着直径仅 7 厘米的小白球，完全摒除外界干扰，只专心注意棒球的移动轨迹。如同在漆黑的隧道中，正视唯一白色光点的移动，针对光点，在第一时间做出最正确的反应。

王建民等优秀投手与打击率超高的强打选手，都是超越"A"的"A$^+$"级顶尖选手。

从 A 进步至 A$^+$

从"A"晋升至"A$^+$"是许多上班族共同的心愿。在工作上不仅力求达到"A"的表现，更会要求自己奋力获得"A$^+$"绩效的人，才是顶尖的工作高手。

斯坦福大学企管研究所的柯林斯教授在撰写《从 A 到 A$^+$》这本畅销书前，与研究团队一共耗费了 15000 个小时，深入探讨美国长春型企业的成功秘诀。在即将完书之际，他突然有了一个奇怪的想法：别人要付多少钱，才能让自己打消出书的念头？

最后他得到的结论是：就算别人出再高的天价，他也不愿放弃出版这本书，因为这是他累积六年心血的智慧结晶。

柯林斯的努力与坚持，终于也让这本著作获得"A$^+$"级的优异评价。

要得到"A"不容易，但是冀望获得"A⁺"更困难。如何在众多高手中脱颖而出，是值得深入思考的问题。

飞轮的概念

《从 A 到 A⁺》这本书提到一个飞轮的概念，与个人的工作效率息息相关。

飞轮是一种圆形的金属盘，架在轮轴之上。一开始运动时，因盘身具有相当重量，飞轮无法迅速快转起来，仅能缓慢地转动。

当你再施加一些力气，飞轮便会开始迅速转动。其实这时你耗费的力量与第一圈差不多，但是飞轮却会越转越快。

你每转一圈，就是为下一圈累积旋转动能。当动能的相乘效果发挥到极致时，即使你不再施力，飞轮也会自动快速旋转，这是因为惯性使得飞轮可以不停转动。

个人的工作状况，也如同推动飞轮一般。

开始做一件事情时，可能觉得困难重重，总是无法称心如意，即使用尽力气推动"工作飞轮"，也仅能让飞轮缓慢转动，故容易丧失对工作的热情。

此刻若能暂时忍耐苦痛与辛劳，不轻言放弃，再继续投入力气转动"工作飞轮"，即可让飞轮转速加快，达到事半功倍的效果。

当你投注的力量累积到一定程度，"工作飞轮"的旋转惯性足以克服地心引力时，即使不予施力，飞轮亦会自动旋转不止，这就达到了工作效率发挥至淋漓尽致的境界。

飞轮式的工作效率

《易经》所述"天行健，君子以自强不息"，其实与工作飞轮的旋转不止有异曲同工之妙。

该句话出自《易经》中的"乾卦"，原文为"天行健，君子以自强不息；地势坤，君子以厚德载物"。意指宇宙的运行刚强劲健，君子应奋发图强；大地的气势厚美磅礴，君子应增厚美德，容载万物。

自强不息的君子，正如同不停旋转的飞轮一般。

推动飞轮的不同阶段，亦可用以代表工作效率高低的各个状况。让我们以推移飞轮的过程，来模拟及解释提升工作效率的四大动力：

1. 踏出第一步

徒有再好的构想与计划，如果不实际执行，也仅是纸上谈兵，工作效率等于零。推动飞轮的第一圈最费劲，也最辛苦，但是没有费力的第一圈，就不会有后续的无数圈。坐而言不如起而行，请勿拖延等待，应果决地踏出第一步。

2. 不轻易放弃

虽然飞轮在旋转初期，仅能缓慢转动，无法充分反映出自己的努力程度，不过此时一旦轻易放弃或退缩的话，之前的辛苦付出将会前功尽弃。所有的工作都必须经历一定的学习曲线，才能达到游刃有余的境界，切莫因初期的效率低落而灰心丧志。

3. 努力持续付出

飞轮开始旋转后，如果施加的后劲不足，仍会减缓速度，甚至停止转动。要让飞轮旋转不止，就必须不断投注心力，持续付出。当施加的力量越小、飞轮却越转越快时，即意味着自己的工作效率已大为提高。

4. 等待成果丰收

当飞轮累积足够的动能后，即使不施加外力，它也会持续快速运转，达到最高效率的境界，此刻即是坐收成果的时候，过去的辛劳与努力将化为甘美的果实。

推动"工作飞轮"的"力气"包括知识、智能与勇气。前两者来自学校教育及生活经验，最后一项则来自完成工作的企图心与坚定信念。

三种"力气"兼备，可让你由"A"跃升至"A⁺"，成为顶尖的工作高手！

快速旋转的工作飞轮

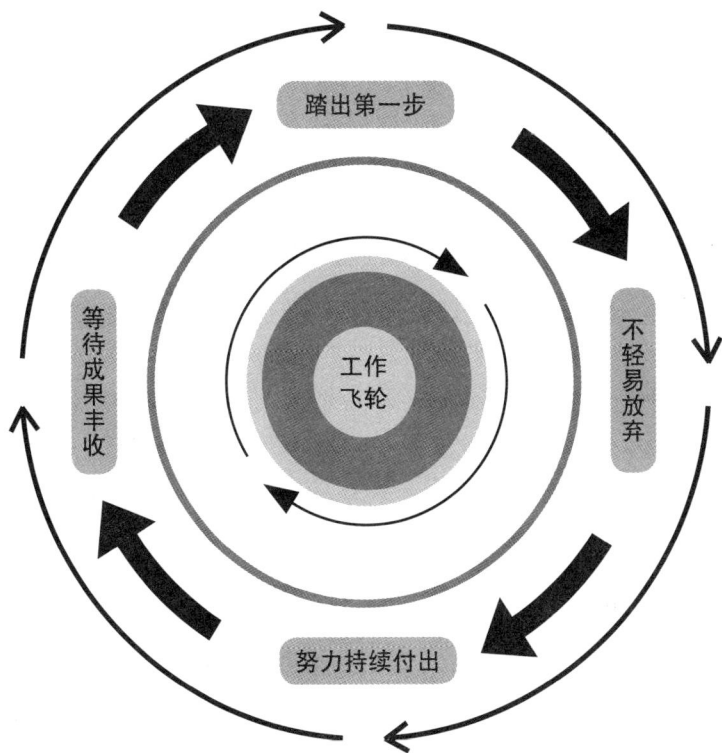

踏出第一步

不轻易放弃

等待成果丰收

工作飞轮

努力持续付出

$$A \longrightarrow A^+$$

17 提升工作效率的"SMART"法则
——希腊神话的普罗米修斯

爱迪生说过一句话:"智者的时间因思想而延长,而愚人的时间因感情而延长。"

智者利用智慧争取时间;非智者用情绪耗用时间。

普罗米修斯的火种

希腊神话里,有一位名叫普罗米修斯的神祇,他与弟弟厄庇米修斯合力塑造了人类与动物,并赋予生物各种不同的能力。厄庇米修斯将力量、速度、灵敏、机警等天赋赐给各种动物后,竟然没有留下任何适合送给人类的其他天赋。在不得已的情况下,普罗米修斯只好偷偷溜到太阳神阿波罗的马车里点燃了一把火,再将火种送到人间。

人类因为有了火,获得了温暖与光明,但仍不懂火的正确使用方法。普罗米修斯深知天神宙斯一旦发现自己的窃火行为,必定勃然大怒,并会收回火种,让人间再度落入无边的黑暗。他为了争取时间,便以最快的速度教导人类如何点火、如何用火、如何维持火种等技巧，让人类可以永远将火留在地面。

后来宙斯果真发现了普罗米修斯的窃火行为，但为时已晚，无法向人类收回火种，因为人类已经完全学会产生火种及用火的技术。普罗米修斯的积极作为，深深造福了人类。

工作完成总量的公式

上班族常因工作堆积如山而怨声载道。为了解决上班族的烦恼，我来介绍一个"工作完成总量"的简单公式：

工作完成总量＝工作效率 × 工作总时间

公司营业规模扩大、经营项目增加或是人手不足时，加诸每位员工身上的负担将大幅加重，这意味着你必须完成的工作总量也随之增加。

工作完成总量等于什么呢？如以上公式所示，它等于工作效率乘以工作总时间。

应付激增工作的方式有二：一是延长工作总时间，二是提高工作效率。

前者是以超时工作来提高工作完成总量，后者则以智慧与技巧来完成骤增的工作。

如果你不想加班，也不愿假日到公司上班，唯一的对策就是努力提升自己的工作效率。

提升工作效率的"SMART"法则

如何提高自己的工作效率呢？请参考下述的"SMART"五字诀法则。

上班族的求生之道不是"辛勤工作"，而是要"聪明工作"！聪明工作比辛勤工作更省力、更省事，也更省时间。

提升工作效率的"SMART"五字诀法则介绍如下：

1. S（Simple）——**工作简单化**

工作越复杂，越易耗费额外的时间。应力求让工作简单化，尽量从事自己专精的事务。对于与原本工作内容差异过大的事项，或非自己专长的领域，应尽可能请其他同事代为执行，将大部分时间投注在自己最擅长的项目上，以提高工作效率。

2. M（Main）——**工作重点化**

依 80/20 法则，80% 的绩效来自 20% 的工作，所以这关键的 20% 就是工作重点。应将最佳的时段及最充足的资源投资于重点项目上，以获取最大的利基。

3. A（Action）——**工作行动化**

对于重点工作项目，不能拖延，亦不能逃避，应怀抱最大的热情勇于面对，以实际行动取代纸上谈兵。工作态度积极化后，效率自然迅速提升。

4. R（Rapid）——工作速度化

要评估工作表现，一是看工作成果的优劣，二是看耗费时间的多寡。能用最短的时间完成应做之事，即可达到最大的速度，并获得最高的评价。在工作中随时留意速度，有助于提高自己的效率。

5. T（Timing）——工作时机化

不同的时段、不同的场合、不同的切入点，所产生的工作效率截然不同。一个优秀的工作者应该懂得妥善区分各类事务，并按照工作内容及性质，选择适当的时间、场合及机会，着手处理各类要务，即可迅速完成工作并提升效率。

To do list 与 To be list

在"SMART"五字诀的思考架构外，我们还需要另外两个窗体——"To do list"与"To be list"，让自己的工作可顺利执行。

1. "To do list"——要做的事

请将待办事项及欲办事项列在同一张清单上。利用"SMART"五字诀中的 S——"简单化原则"归纳及分类性质相近的工作；以 M——"重点化原则"选出重要的 20% 的工作；以 A——"行动化原则"决定必须立刻进行之事；以 R——"速度化原则"设定预期完成时间；以 T——"时机化原则"调整工作优先顺序。

依照"SMART"五字诀法则，将原本看似流水账的"To do list"重新排列组合后，即可区分出事情的轻重缓急，并依此安排处理事务的适当程序。

2.　"To be list"——想成为的人

成功学大师史蒂芬·柯维提到在"第四代时间管理"中，除了"To do list"外，更需要另一个列表——"To be list"，用以确知自己想成为什么样的人。

"To do list"是处理日常事务的工作列表，而"To be list"则是决定自我目标的人生列表。

人人都有自己的理想，也有尚未实现的梦想。请将你个人的理想及梦想写在"To be list"上，同时附注希望达成目标的时间。

唯有思考清楚想成为什么样的人，并列出"To be list"后，你的"To do list"才具有实质意义。

当你分别列出两个窗体后，每完成一件事情，请杠除"To do list"的一个事项；每达成一个自我目标，请在"To be list"上勾选一个期许目标。

当发现自己要做的事越来越少、已达成的自我目标越来

工作效率高手的"SMART"图

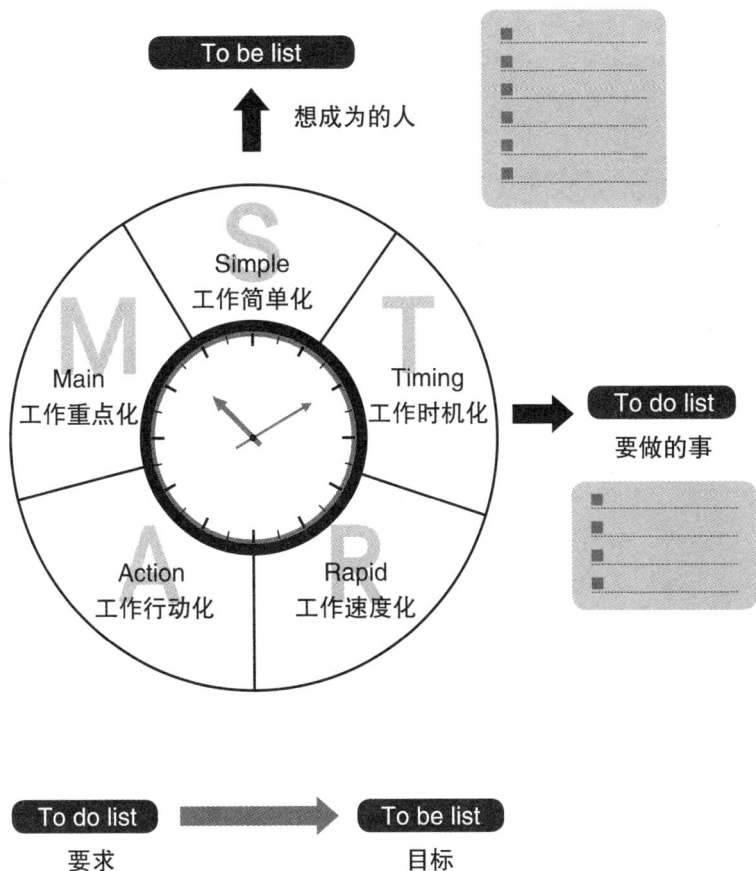

To be list

想成为的人

M — Main 工作重点化

S — Simple 工作简单化

T — Timing 工作时机化

A — Action 工作行动化

R — Rapid 工作速度化

To do list
要做的事

To do list
要求

To be list
目标

越多时，即代表越来越接近成功的人生。

　　"To be list"犹如普罗米修斯带到人间的火种，是人生奋斗的核心动力；"To do list"则好比是他教给人类的用火方法，是达成目标的必要程序。

　　有了火种及用火的方法，才有灿烂的人生等着我们。

18　职场达人的工作导电材料

——谷歌张成秀的时间竞赛

采用"最短路径"，是最节省时间的方法。

选对路径的人，会比先起跑的人更快抵达终点。

张成秀的追逐时间

张成秀是谷歌的前港台业务总经理。幼时家境优渥富裕，但因家中突遭一连串变故，以致未能享有欢乐的童年。她的父亲曾担任玩具工会第一届的理事长，后来却因经商失败而被迫宣布破产，不但因此锒铛入狱，而且终日郁郁寡欢，最后以自杀结束了自己宝贵的生命。

家庭经济顿陷愁城，她的母亲一肩扛起家计重担，为人洗碗、洗衣、扫厕所。张成秀也到电子工厂当电焊女工赚取学费，以减轻家里的负担。

但张成秀并未因生活困顿而放弃求学之路，反而更加勤奋好学，小学五年级就立定未来志向，后来顺利考上台北市立第一女子高级中学，再进入台北大学外文系就读，并获得留学奖学金,前往美国斯坦福大学取得工商管理硕士学位。

学成归国后,张成秀也竭尽所能地在职场上打拼,严格要求自己,也努力与时间赛跑。从办公室走到洗手间的路上,她同时要完成六件事情:一、去倒杯水;二、发传真公告文案;三、与同事讨论;四、将新闻稿交给公关部门;五、到仓库取货;六、去柜台转送快递。除了完成这六件事,她还必须规划最短的路径,以最快的速度达成。

为了提醒自己不忘记第二天的重要议程,她甚至还会在半夜打电话到办公室,对着自己的录音机留言,只为做好万全的准备。

因为她一直抱持着奋斗不懈的精神与精准掌握时间的态度,才能从女工逐步晋升为跨国大企业的总经理。

电流的最短路径

张成秀在自传中提到了"最短路径"的想法,让我联想起复合材料里"最短导电路径"的概念。

在绝缘材料的两侧接上电源时,电流无法顺利通过。如果在绝缘材料中添加少量导电物质,使之成为复合材料,则电流略通。当所添加的导电物质可相互链接时,电子会寻找最短的路径,穿越障碍抵达材料另一侧,此时电流可畅行无阻。

类似的想法可套用于职场上。我将职场上的电流称为"工作电流"，将职场环境视为一个绝缘物质。

职场上存在着许多阻力，让你的工作窒碍难行，效率大幅下降，因此"工作电流"无法畅通，例如业务种类繁多、工作内容复杂、行政业务庞大、突发状况频传等。这些阻力使自己陷入工作不顺的窘境。

一旦适当地加入部分"工作导电材料"后，职场环境的"电阻值"会相对下降，使部分"工作电流"可以导通，工作效率有所改善，故部分工作可顺利进行。

当添加"工作导电材料"至一定程度后，构成了相互联结的渠道，让"工作电流"可循此通道，走最短的快捷方式抵达目标的另一侧，此时"工作电流"完全畅通，效率大幅提升，工作可顺利执行。

工作导电材料

由上述说明你可以了解，"工作导电材料"对工作效率的提升可产生直接的贡献。要想成为职场达人，"工作导电材"是不可或缺的致胜关键。

我们应积极运用以下三种"工作导电材料"，减少工作

电流的最短路径

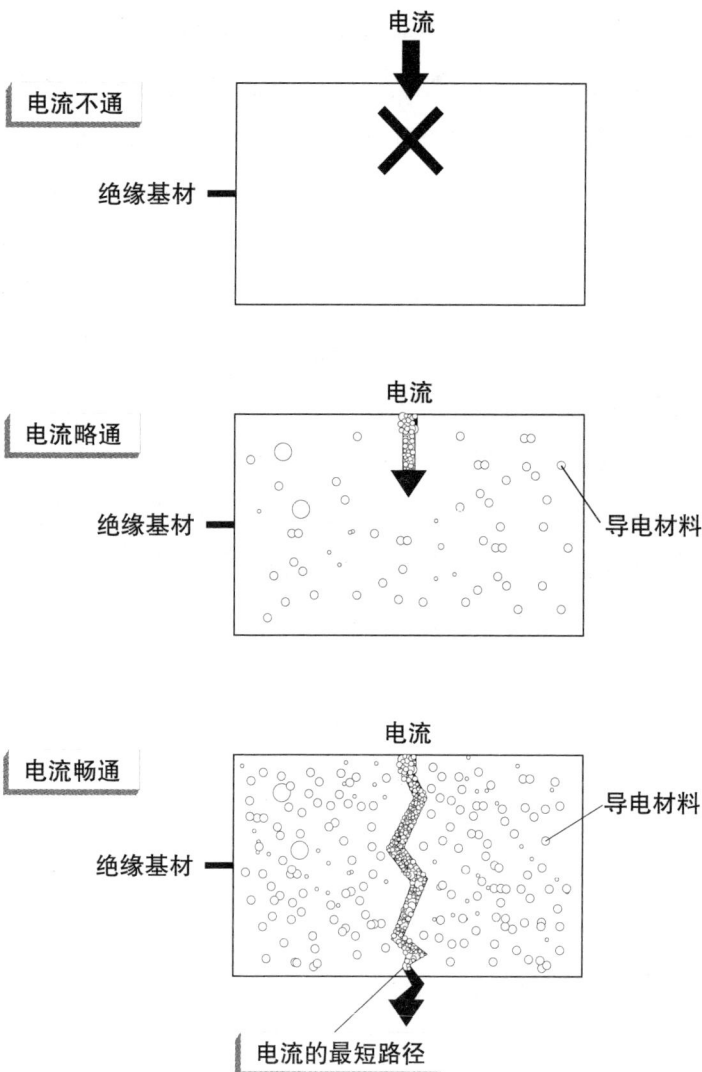

电流

电流不通

绝缘基材

×

电流

电流略通

绝缘基材

导电材料

电流

电流畅通

绝缘基材

导电材料

电流的最短路径

阻力，并提高自己的"工作电流"：

1. 本身的计划

计划是为了确定目标，让自己明白应如何施加"工作电压"，以及何处能产生"工作电流"。可先设定每月的目标，再逐渐扩展至每季目标及年度目标，从近程目标安排至远程目标，循序规划所欲达成之事项。上班族如能设定明确的工作目标，就不会成为终日浑浑噩噩、不知所为何事的打卡族，也比较容易在工作上建立起自信心及获得成就感。

2. 内部的请教及学习

职场老手多半见多识广，经过大风大浪的洗礼后，练就出一身好本领，即使面对窒碍难行的事务，亦可有条不紊地顺利处理。职场新手应从旁观察职场老手的因应之道，从中揣摩工作的处置技巧，并适时向资深同事请教工作重点及注意事项。获得职场前辈提供的一些宝贵建议后，应立刻抄录于笔记本中，作为日后工作的参考。多向优秀的同事学习，可帮助自己避免犯下不小心的错误、落入不必要的失败，有效提升工作效率。

3. 外部的协调与争取资源

一项工作往往需要公司内部与外部同时配合，才能顺利执行。先综合分析任务的所有执行程序，再找出最需与公司外部协调商谈的关键步骤，提前主动联络相关公司或单位，洽谈合作的可能性，以寻求最大资源的协助。

工作电流的最短路径

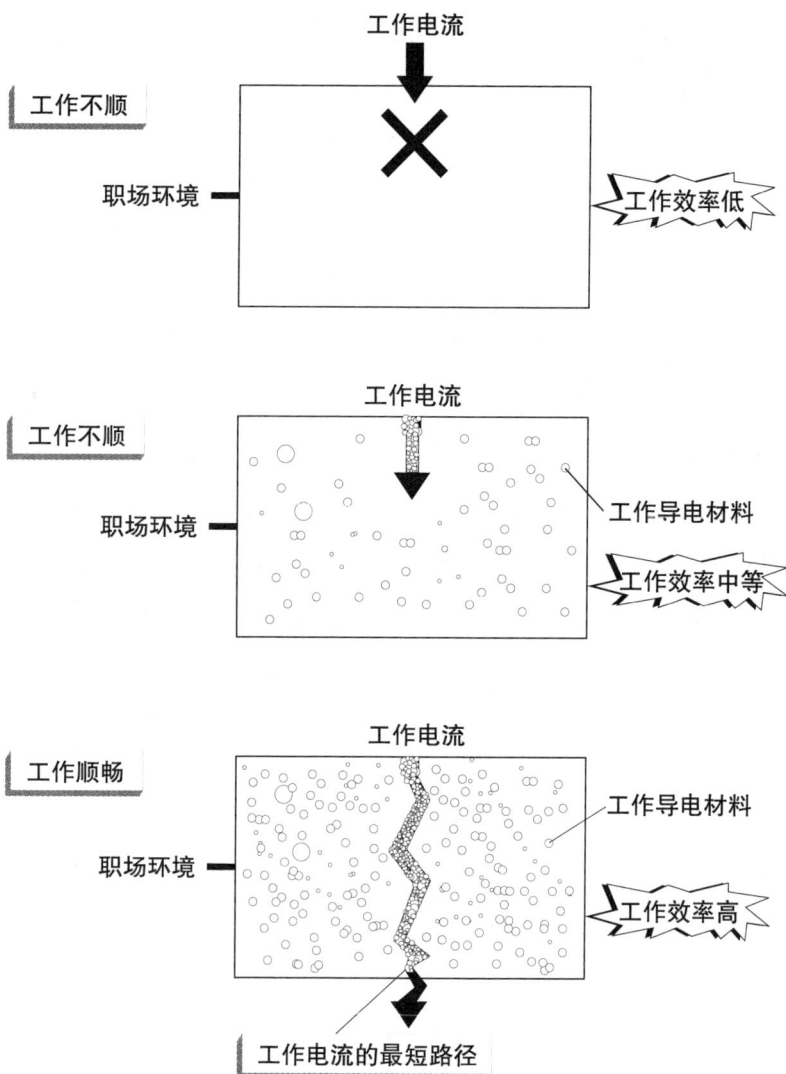

工作电流

工作不顺

职场环境 ——

工作效率低

工作电流

工作不顺

职场环境 ——

工作导电材料

工作效率中等

工作电流

工作顺畅

职场环境 ——

工作导电材料

工作效率高

工作电流的最短路径

　　刚进入职场的新手最常发生的错误是在公司内部埋首苦干，等到惊觉需要外部协助及资源时，才慌慌张张地紧急四处求救，最后发现求助无门，造成多日的努力心血功亏一篑。事前周详的思考及安排，是提高工作效率的重要环节。

　　本身的计划、内部的学习及外部的协助，皆可成为你的"工作导电材料"。善用这三种导电材料来提高自己的工作效率，你将会成为卓越的职场达人！

提升工作效率
通关测验

进行自我评估时，请依自己目前的状况检验。

若已达成，请打√；偶尔能达成或尚无法达成，请空白。当每道测验都填上√时，即表示全数通关！

Review and Check

■ 请在读完本章后，进行第一次的复习及自我评估。

■ 请在一个月后，进行第二次的回忆及自我评估。

■ 请在三个月后，进行第三次的检讨及自我评估。

■■■ 会要求自己比规定时间早一点上班。明白早一小时到公司比晚一小时下班更有效率。

■■■ 会分析一天上班时间的干扰状况及自己的精神旺盛度，积极利用精神最好且干扰最少的时段。

■■■ 每天上班前，会先安排自己一天的工作计划，利用"乾坤大挪移"的方法，让自己拥有最大的完整时间区块。

■■■ 明白工作日程的安排，并非只是将工作日志上的空格填满，而是要将同类的烦琐事务安排于同一时段，以便留给自己最多的时间去思考及办公。

　　■ ■ ■　会多争取主动安排时间的权利，尽量避免因访客或会议而将自己的时间切割得支离破碎。

　　■ ■ ■　上班时间内，一定记得戴一块表。表是最便宜的时间管理工具。

　　■ ■ ■　在办公室合适的墙面及办公桌挂上或摆上一个钟，钟能提醒自己时间的流逝。

　　■ ■ ■　期许自己由"A"升级至"A$^+$"，相信转动飞轮的概念，只要持续累积动能，飞轮即会快速奔驰。

　　■ ■ ■　以"天行健，君子以自强不息"来勉励自己，唯有不断付出努力与时间，才会获得丰硕的成果。

　　■ ■ ■　列出自己的"To be list"，期勉自己前进。

　　■ ■ ■　实践提高工作效率的四个步骤：踏出第一步，不要轻易放弃，努力持续付出，等待成果的丰收。

　　■ ■ ■　依 80/20 法则，将最佳的时间及最宝贵的资源投资在重要项目上，以获得最大的利基。

　　■ ■ ■　会采用"SMART"法则，使工作简单化（Simple）、重点化（Main）、行动化（Action）、速度化（Rapid）、时机化（Timing）。

　　■ ■ ■　善用工作的导电材料，明确订立计划，向高手请教，争取外部资源，以有效提高自己的工作效率。

通关笔记

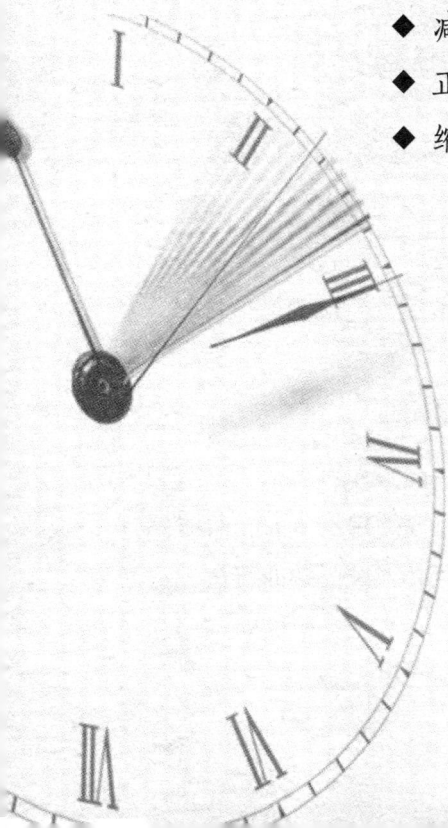

第四章

控管上班时间

- ◆ 控管时间的"CSDA"原则
- ◆ 管理时间的"办公室三帮手"
- ◆ 减少开会的"四制"概念
- ◆ 正向应对会议的四大法则
- ◆ 缩短开会时间的方法

19 控管时间的"CSDA"原则
——侯文咏的怪盗大床

富兰克林说："你热爱生命吗？那么请别浪费时间，因为时间是组成生命的材料。"

热爱生命的人必定热爱组成生命的材料。

希腊神话的怪盗

希腊神话中，有个名叫普罗克拉斯提斯的怪盗，他会将路人诱骗至家中，将其绑在一张铁床上，然后竭尽所能加以折磨。如果被害者的身长超过铁床的长度，他就将超出床沿的部分锯掉；若是身长比铁床短，他就残忍地将被害者拉长。

侯文咏成为畅销作家，又获得医学博士学位后，于医院任职的那段紧张生活中，他感觉自己犹如也躺在怪盗特制的铁床上。不论从文学著作或医学研究的角度来看，有时感觉自己太高，为了将就铁床的尺寸，必须勉强蜷曲身体；有时又觉得自己太矮，必须吃力地拉长身高。为了面对不同的场合，适应忽而变大、忽而变小的环境，他始终摆脱不掉别扭委屈的感受。

最后，侯文咏决定走自己选择的路，成为一位全职作家，成功逃离怪盗的铁床，挣脱了心灵的桎梏。

很多时候，我们好像也躺在时间怪盗的铁床上，有时觉得自己的身长过长，有时又感觉太短。过长的身躯，会因局促而产生压力；过短的身长，又会觉得徒然浪费了床上剩余的空间。

时间的控管必须松紧合宜。过紧时，自己会被紧凑的行程追着跑，找不到稍事休息的空当；过松时，容易让自己沦于游手好闲、无所事事的状态。

苏东坡曾写过一首诗，描述自己静坐阅读的愉悦生活："无事此静坐，一日似两日。若活七十年，便是百四十。"

某人平日嗜睡，一睡就是日上三竿。友人嘲笑他的懒散生活，将苏东坡的诗词改写为："无事此静卧，卧起日将午。若活七十年，只算三十五。"

过于悠闲的生活容易让人丧失斗志，也会浪费宝贵的光阴。

紧迫时间的压力

一般人对于紧迫时间的承受度，就如同弹簧一般。当施予一定的外力，弹簧会随之伸长；将外力移除后，弹簧会缩回原来的长度。然而，倘若施加的外力超过弹簧的可承受程度，弹簧就会变形，一旦变形了，即永远无法恢复原状。

工作上亦是如此。适当的时间压力可以激发正向的工作助力；然而，过度的时间压力却会衍生负向的工作阻力。

松紧得宜的时间管理，是一门高深的工作艺术。

一般而言，时间压力与距离截止日期的时间成反比。

距离截止日期的时间越长，越能从容不迫地进行欲完成之工作，不至感觉时间紧迫，也就大幅消弭了时间带来的压力。距离截止日期的时间越短，越会感到紧张焦虑，终日忧心忡忡，担心能否来得及完成工作，于是时间带来的压力倍增。

"CSDA" 原则

该如何适应并降低时间压力呢？我根据多年来的工作经验，画出一张图作为解说，并提出控管时间的"CSDA"原则供你参考：

控管时间的"CSDA"原则

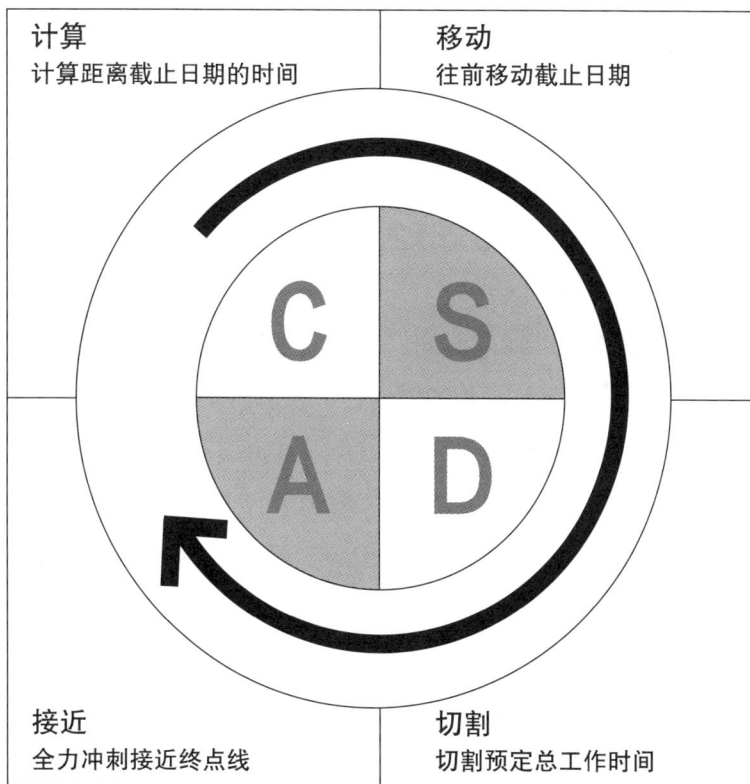

计算
计算距离截止日期的时间

移动
往前移动截止日期

接近
全力冲刺接近终点线

切割
切割预定总工作时间

1. **计算距离截止日期的时间——Count（计算）**

既然时间压力来自距离截止日期时间的长短，那么对于重要计划、重大议题、重点报告、重要产品等，都必须明确计算（Count）出距离最终完成期限的剩余时间。你可将这些重要日期标注在行事历或笔记本上，随时提醒自己注意。

2. **往前移动截止日期——Shift（移动）**

人人皆有惰性，越是重要的事情，往往越会拖延进行。等延宕至最后一刻才着手工作，常常又会出现突发状况，导致自己措手不及。为了确保能准时完成工作，我通常会将截止日期往前移动（Shift）三天至一周，强迫自己提前动手进行，并且预留一些额外时间以因应临时状况。

3. **切割预定总工作时间——Divide（切割）**

请先算出从现在至提前截止日期的所剩时间，再将剩余的可工作时间切割（Divide）成数个等分。例如，距离自我设定的提前截止日期只剩下二十天，可分割为四等分，每一等分是五天，所以每五天就必须完成总工作量的四分之一。过了五天之后，如果尚未达到总工作量的四分之一，就代表必须加紧赶工，以追上工作进度。

4. **全力冲刺接近终点线——Approach（接近）**

截止日期也可称为终点线，它代表与厂商、客户、老板、公司、消费者之间的重要承诺。在终点线之前，彼此的权利及义务关系存在，于终点线之后，一切关系瞬间消灭。

CSDA 原则

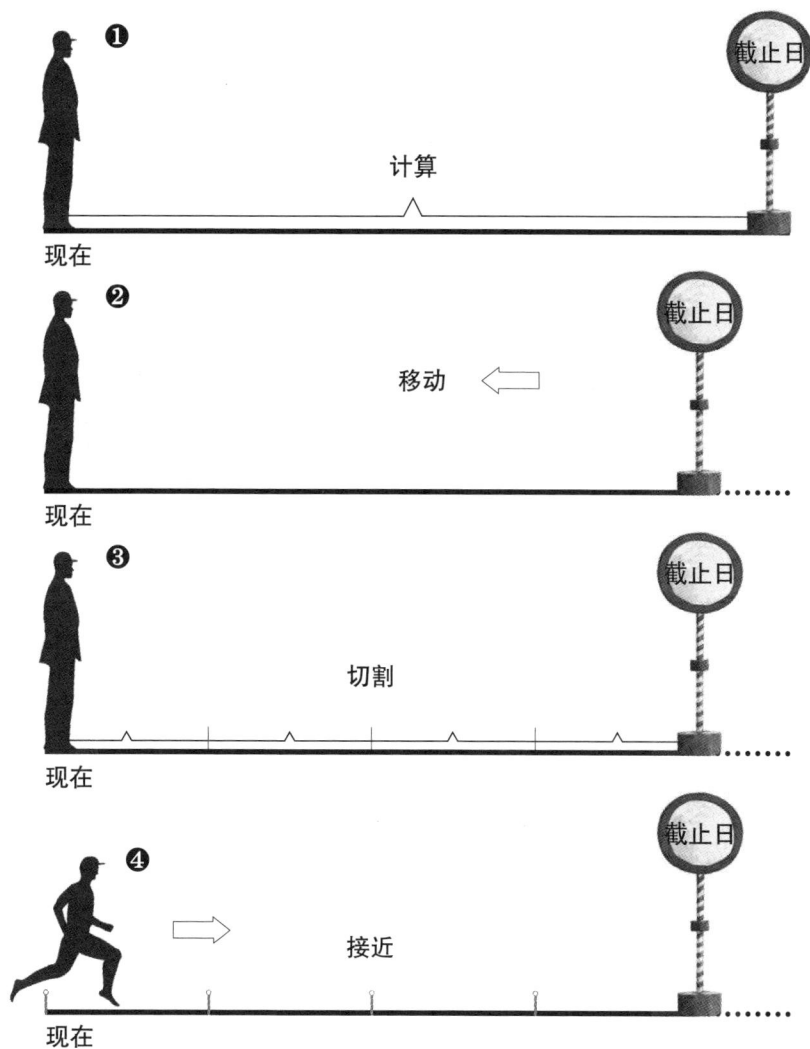

❶ 截止日
计算
现在

❷ 截止日
移动
现在

❸ 截止日
切割
现在

❹ 截止日
接近
现在

如果无法在终点线之前完成工作或任务，双方的信赖将会遭到严重破坏或崩盘。因此确立任务内容、一切安排就绪后，应当全力冲刺接近（Approach）终点线，以兑现彼此之间的承诺。

以同样的工作而言，我发现若是能越早在终点线之前完成，对方越会感到惊喜，会越满意工作的成果，也会留下良好的印象，并带来下一次共同合作或往来的机会。

终点线多半是客户或主管所订定的，所以无法随意更动它。但是，我们可以控制自己，越早、越快提起双脚向前迈进的人，自可轻松愉快地抵达目的地。

20 管理时间的"办公室三帮手"
——星巴克总经理的时间笔记

追逐科技的人，不一定追得到时间。

追到时间的关键不是高科技，而是高智能。

科技永远来自人性。

iPhone 智能手机

埃里克对我炫耀着新买的 iPhone 智能手机，他说自己的工作行程现在是一机在手，万无一失。

"我没有用智能手机耶！"我说。

"那你用什么管理每日应做的事呢？"埃里克问。

"我有'三记'笔记啊！"

"那是什么？"他露出不解的神情。

"那是我用来管理个人时间的工具，针对工作时间加以记载、记忆与记账。"

"笔记本会比智能手机更好用吗？"埃里克有点不服气。

"不信的话，你可以尝试看看！"我笑着说。

星巴克总经理

统一星巴克总经理徐光宇工作十分忙碌，为了扩展海外事业版图，经常扮演"空中飞人"，在国内外四处奔波。

为了精确管好自己的时间，他想出特殊的"剧本模拟法"。他认为要充分主导个人的工作时间，就必须先担任自己的导演，事前构想情节并写好剧本，再依照剧本，努力扮演好每一个角色。

在日理万机的繁忙生活中，他总是将"剧本"写在自己的笔记本里。不论生活中的大小事情，在正式"上演"前，他都会先在大脑中模拟并预演情节，帮助自己做好最佳的准备。

他发现将不同事务记录在同一本笔记本内，就不容易发生遗忘重要事情的问题。将笔记本摊开，各项待办事务一目了然，然后依不同时段按部就班地进行，即可收事半功倍之效。

"三记"笔记的爱好者

如同星巴克总经理一般，为了切实管理自己繁忙的工作，我本身是"三记"笔记的爱好者。

❶ **在约定时间之前**——先在工作日志或笔记本上"记载"工作内容、会见人物、商讨议题、会面地点等。

❷ **快到约定时间前**——翻阅工作日志，提醒自己记住先前的约定，并力求准时出席。在会谈后，将商议结果及讨论内容记录在笔记本内，让自己留下清楚的"记忆"。

❸ **在完成约定事项后**——计算总共花费多少时间，针对自己的工作时间"记账"。评估所投入的时间与所获得的成效是否成正比，以作为下次安排工作时间的参考。

因为养成了上述三项动作的习惯，让我可以掌握现在的工作日程，规划未来的工作进度，检讨过去的工作绩效，成为足以主动掌控工作的上班族，而非被动受制于工作，使时间遭到瓜分。

办公室三帮手

为了记录个人的工作日程，我也有"办公室三帮手"——便利贴、工作日志及日历，为我精确控管工作时间。

1. 便利贴

我习惯将当天要做的事项分门别类地写在便利贴上。如果你的工作事项较为繁杂，建议使用较大尺寸的便利贴，以提高使用的方便性。例如可在便利贴上分别列出重要工作、联络事项、讨论事项、杂务等几大项，接着在各大项之下再行列出当日要做之事。

每完成一件工作，就用笔删除一项。当发现许多事务均顺利完成后，就会提高自己的工作成就感。如果当日无法顺利完成所有事项，则于次日再将未完成之事誊写至新的便利贴上，并增添次日的待办工作。

将已完成事项一笔一笔删除，这样每天就能带着轻松愉快的心情下班回家。

用便利贴写当天预定之事

重要工作

1. 缴交计划
2. 提出报告
3. 申请专利

联络事项

1. 给 A 教授打电话
2. 给 B 先生打电话
3. 给 C 学会发电子邮件

讨论事项

1. 与 D 教授晤谈
2. 与 E 公司会谈
3. 计划进度会议

杂务

1. 邮寄信件
2. 银行缴费
3. 档案整理

2. **工作日志**

坊间的工作日志琳琅满目、款式众多，可依个人喜好自由选择。我惯用的工作日志是采用横向列出一周的跨页式设计，纵向则是从早上到傍晚划分为许多小格。我会留意工作日志中纵向划分的时刻，至少应该从上午八点排列至下午六点。所列的时间空格越多，越容易自由安排时间。在每一小时的格子中，最好有细线再行隔开，分割成每三十分钟一个区块。

因为上午是我的"生产时间"，工作效率较高，所以与学术研究有关的数据收集、数据分析、计划构想、计划撰写、报告整理等，均安排在早上进行。

下午原则上是我的"非生产时间"，我会将行政会议、研究讨论、计划进度报告、授课、会面访谈等事项，安排在该时段内进行。如果是自己可主导的会议，也尽可能调到下午。各项"非生产型"事务之间若有空当时间，我则会从事预定工作的联络，以避免浪费时间。

同类型的事务，我也会尽量安排在同一时间区块内，除了方便自己记忆，亦能显著提升工作效率。

3. **日历**

为了提醒自己记住重要的工作日程，我还会使用以月为单位的日历，让自己对一个月内的重要工作一目了然。

例如当月要缴交研究计划的截止日、缴交报告的截止

工作笔记本

	星期一	星期二	星期三
上午8:00			
	计划A	计划A	计划A
9:00	调查	撰写（1）	撰写（2）
10:00			
11:00	计划A	论文B	论文B
	规划	撰写（1）	撰写（2）
12:00	午休	午休	午休
下午1:00	讨论	讨论	讨论
2:00			
3:00	与C教授		
	会谈	会议D	会议E
4:00			
		计划F	
5:00	上课	进度讨论	上课
		与G先生	
6:00		晤谈	
			与H先生晤谈

管理时间的"办公室三帮手"

以月为单位的日历

MON 星期一	TUE 星期二	WED 星期三	THU 星期四	FRI 星期五	SAT 星期六	SUN 星期日
1	2	3	4 会议 A	5	6	7
8	9 计划 B 假截止日	10　　　提前	11	12 计划 B 截止日	13	14
15	16	17 简报 C	18	19 会议 D	20	21
22 报告 E 假截止日	23　　　提前	24	25 报告 E 截止日	26	27	28
29	30 简报 F	31				

日、重要会议、演讲邀约的日期等，我均会将其清楚标示于日历上。另外，我习惯在截止日的前三天设定一个"拟截止日"，你也可以称之为"假截止日"，这是为了期勉自己在"真截止日"的前三天就提早完成该项工作。如果无法在"假截止日"前顺利完成，至少你还有三天的缓冲期，可快马加鞭赶完应做之事。

智能手机或许带来不少便利，不过，再好的科技也必须懂得利用，才能发挥效果。

无论你想不想花大钱买最新的手机，都不妨试试"三记"笔记，相信它更具有人性，更容易轻松上手，也更能帮你管好自己的时间。

21 减少开会的"四制"概念

——张忠谋的三类会议

工作的战场在办公室，最消磨战力的地方则在会议室。
工作高手在会议室保留战力，在办公室发挥战力。

医院的时间管理

我发现医院是最需要时间管理的单位，却也是最难实践时间管理的地方。

在急诊室中，医生可谓分秒必争，必须抓紧关键时刻抢救病人；在诊疗室内，为了医院的业绩，医师需以最短时间诊治最多的病人。相反的，从另一角度视之，患者因病痛缠身而忧心忡忡，期待医生可以花时间为自己细心诊治、妥善处理，或是详尽解说病情。由此可知，医师与病患之间对于时间的认知与期待，存在着严重的冲突。

我前往一所大型教学医院演讲，提到了开会的问题。我告诉在场的医生及行政人员，开会前需要计算会议成本。假设一位医师的时薪是 1000 元（新台币单位，相当于人民币

200 元），召集二十位医生开一个小时的会议，就相当于耗费了 2 万元。假设每个月开会五次，就等于耗用了 10 万元。

一位医师听了，颇有感触地说："我们院长如果懂得计算开会成本，就不会动不动找大家开会了！"

我这才知道，原来医生们也很怕开会。

张忠谋的三类会议

张忠谋董事长被尊称为半导体界的教父，所创办的台积电公司稳执业界之牛耳，是世界上最大的晶圆代工大厂。

在治理公司方面，他具有独到的见解与概念。他将平日公司内部的会议分为三大类：

❶ 第一类：联络型会议

由主席或报告者将信息单向传达给与会者。

❷ 第二类：咨询型会议

邀请某一部门的同事或某一领域的专家，针对特定议题提供意见。

❸ 第三类：讨论型会议

召集部分同事，共同商讨议题，以获取共识与结论。

在上述三类会议中，主席均扮演着十分重要的角色。在第一类会议中，他要负责精确控制时间，使报告者能在一定时间内传达最关键的信息。在第二类会议中，主席要适时抛出问题，引导被咨询者针对该问题提供最佳的建议。在第三类会议中，主席要掌控会议进度，避免漫无目标的空谈而使议题失焦，并在最后汇整意见，做出结论。

张忠谋位高权重，经常受邀参加重要的咨询会议。一般而言，主席会请在场专家学者轮流发表意见，假设一个人讲十几分钟，十个人发言就须占用两小时。所以经常是最先上台的他在发言完毕后，往往还要在会场内枯坐两个小时。

身为世界级高科技公司的董事长，若将这两个小时应用于公司事务上，所创造出来的绩效与利润，想必一定非常可观。

减少开会的"四制"概念

不少上班族私下向我抱怨，他们的老板及主管实在太爱开会，占用了许多工作时间。

站在高阶管理者的立场，自然觉得开会具有绝对的必要性，有时是为了宣扬新策略，有时是为了追踪工作进度，有时则是为了取得共识。但往往忽略了"单位时间产值"的概念，将许多时间用来开会，却没有充裕的时间可以实际动手工作，这样是无法达到预期绩效的。

减少开会的"四制"概念

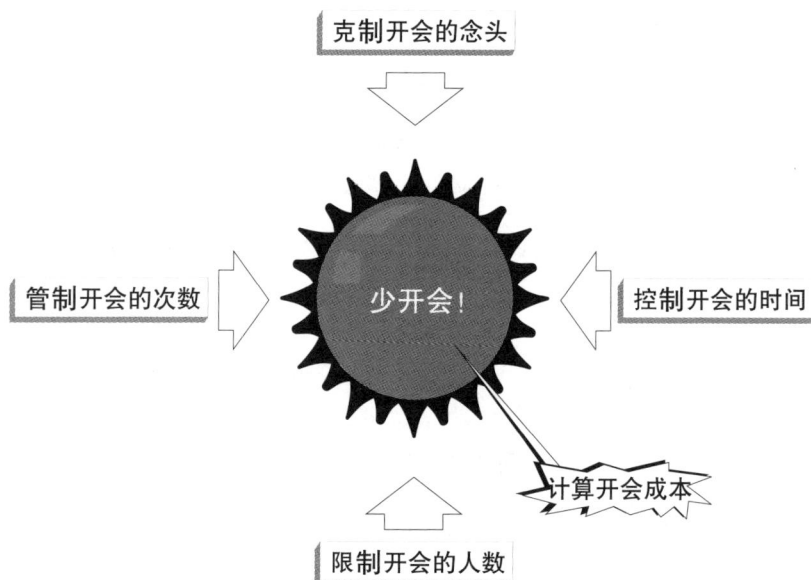

克制开会的念头

管制开会的次数

少开会！

控制开会的时间

计算开会成本

限制开会的人数

为了让全体同事保持最高的战斗力，并拥有最多的可工作时间，我建议高级主管参考以下的"四制"概念：

1. "克制"开会的念头

频频召开会议的老板固然表现出强烈的企图心，但是开会不是解决所有问题的万灵丹，善于体察"民情"的主管，应该多将时间留给同事用于工作。除了例行性会议外，请尽量克制想召开临时会议的念头。少开会、多做事，才是部属的福气。

2. "控制"开会的时间

过于冗长的会议容易失焦，达不到开会之目的。主持会议者应先设定会议的结束时间，提醒所有与会者针对重点发言，并事先分配各议题可用的讨论时间，以精确控制议程的进行。

3. "管制"开会的次数

例行性会议的次数不宜过多，能合并进行的应尽量合并，能不予讨论的也应尽量删减。建议替每位员工设定一个"开会时间配额"，每周或每月超过该配额，即不得再参加任何会议，如此可严格管制开会的次数及时数，减少不必要的时间浪费。

4. "限制"开会的人数

参与开会的人越多，能够留在岗位上工作的人就越少。明智的老板不会严格清点会议室内的人数，而是会计算在公司或工厂内真正埋首于工作的人数。请依照会议的三大类型——联络型、咨询型、讨论型会议，分别设定开会人数的上限，尽量减少会议室内的"冗员"，才能发挥公司的最大战力。

适度的开会可以联络感情、激励士气；过度的开会则会破坏感情、消磨士气。

掌握公司或部门"开会权"的高级主管们，请多多珍惜部属宝贵的工作时间。

22　正向应对会议的四大法则
——哈佛大学的心理测验

会议，未必要将其视为洪水猛兽。

逃避会议，会被老板视为异类。

正向面对会议，才能成功制服会议。

哈佛大学的心理测验

哈佛大学曾进行一项有趣的心理测验。授课的教授问班上学生：

在第一个世界里，你一年赚 5 万美元，别人才赚 2.5 万美元。

在第二个世界中，你一年才赚 10 万美元，而别人赚 20 万美元。

假设两个世界的物质条件及生活状况均相同，你要选择哪一个世界？

结果出乎意料，大多数学生都选择第一个世界，他们宁愿口袋里的薪水少一点，却期望自己与他人相比可占有相对的优势。

让我们以类似的问题来问自己：

在第一家公司，你一天上班十个小时，别人仅需上班八个小时。

在第二家公司，你一天仅需上班八个小时，别人却要上班十个小时。

假设两家公司的薪资皆足以满足你在生活与物质上最基本的需求，那么，你会选择哪一家公司？

相信绝大多数的上班族均会选择第二家公司。因为应该没有人乐意见到自己比别人更忙，也没有人喜欢看到别人比自己更闲。

"我觉得自己好像不是上班族耶！"一个年轻人告诉我。

"那你是什么族？"我问。

"我觉得自己是'开会族'！"他略带无奈地说。

如果将大部分的上班时间都耗用在开会上，就没有足够的时间可完成正事。在第二章中，曾提及"三抓三放"的概念：

· 抓大事、放小事；

· 抓正事、放杂事；

·抓要事、放闲事。

其实很多时候，属于小事、杂事及闲事的会议屡见不鲜。当然亦有针对大事、正事、要事的会议，但往往只占会议总数的一小部分。因此我们可将"三抓三放"的概念应用于会议上：

·抓大会、放小会；

·抓正会、放杂会；

·抓要会、放闲会。

对于大会、正会、要会，应主动参加，并在会议上适时发表意见；对于小会、杂会、闲会，则应尽量减少出席，以节省自己的时间。

正向应对会议的四大法则

为了管好自己的时间，对于开会，我个人有几项原则。简述如下，供你参考：

❶ 能不去开的会，尽量不要去。

❷ 能不召开的会，尽量不要开。

❸ 能提前离席的会，尽量提早离开。

❹ 能提前结束的会，尽量提早结束。

我本身很幸运地在开会这件事情上，享有较多的"主动权"。

但是碍于长官关爱的眼神或严格的要求，上班族有时很难拒绝参与一些会议，或是无法提起勇气开口要求提前离席，这或许是因为主管与部属对于会议的认知不同所致。但是，为了达到更高的工作绩效，你应该积极争取选择开会的"主动权"，为自己的工作时间"谋福利"。

对于那些经常被动遭到"征召"出席会议的上班族，我提供一个示意图，说明"正向应对会议的四大法则"建议如下：

正向应对会议四大法则

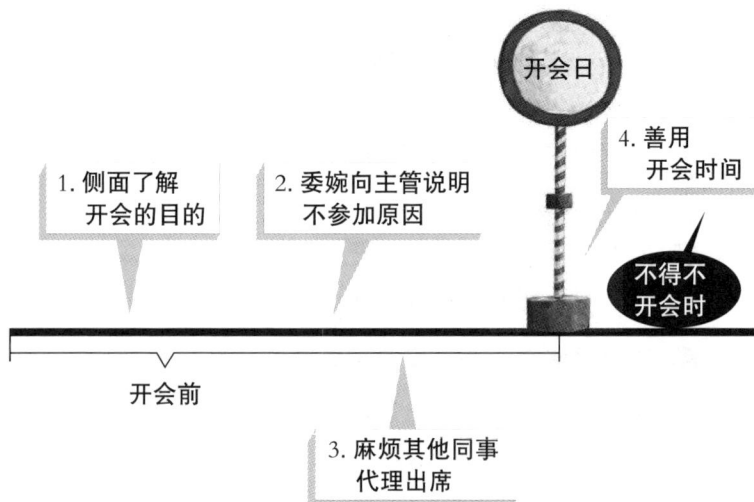

1.侧面了解开会的目的

2.委婉向主管说明不参加原因

3.麻烦其他同事代理出席

开会前

开会日

4.善用开会时间

不得不开会时

1. 侧面了解开会之目的

并非每会必开、有会必到的人，就是一个称职的上班族。在开会之前，先侧面了解会议之目的，探知此次会议的主题是否与自己负责的业务直接相关。如果开会的议题与自己的关联性甚低，则应予以适当筛选。

2. 委婉向主管或上司请示

一旦确知自己并无参加某项会议的必要，请在事前主动向主管说明不需与会的理由。以充分的理由加上良好的沟通态度，相信必能取得上司的谅解。

3. 麻烦其他同事代为出席

若遇到重要会议，却无法抽空出席，应央请同事扮演"替身"代为出席。出席意味着对议题的重视，也代表着对主持会议者的尊重。可将个人意见及欲发言内容，委托同事代为陈述，适时适地表达意见及提供建言。

4. 善用开会的时间

如果是不得缺席的会议，除了聆听发言者的重要陈述外，其实在意见交换、文件传递、议案交替等过程中，尚有许多可供善加利用的空当时间。我们未必要明目张胆将公文带进会议室内处理，但是可以利用这些空当时间，规划会议结束后的工作事项，安排工作的优先顺序，思考尚未厘清的问题，或是构想因应会议结论应做何种调整。

越是懂得善用开会时间的人，越能减少会议对自身的无形耗损。

开会或许是上班族无可避免的宿命。

但是，积极主动应对会议，将会改变自己的工作命运。

23 缩短开会时间的方法

——穿着普拉达的恶魔

穿着普拉达，可以接受；但被称为恶魔，则无法忍受。高明的主管不会成为会议的恶魔。

穿着普拉达的恶魔

安德烈亚是刚从大学毕业的社会新鲜人，幸运地进入知名时尚杂志社工作，担任总编辑米兰达的助理。这是人人称羡、梦寐以求的一份工作，但是万万没想到，这却是她苦难日子的开端。

米兰达在公众场合总是打扮得高贵亮丽，在普拉达、范思哲、香奈儿等各大名牌服饰的加持下，她显得格外雍容华贵、气质高雅，仿佛是时尚界的女王。但是一回到办公室，她阴晴不定的脾气便显露无遗，时常对部属大声咆哮、颐指气使，极尽挑剔苛责之能事。

安德烈亚为了在竞争激烈的环境中求生存，强迫自己忍受一切痛苦及被撕裂的自尊。最后她终于认清事实，脱下虚伪的面具，拒绝出卖自己的灵魂，勇敢地向米兰达说"不"，找回属于自己的天空。

这是电影《穿着普拉达的恶魔》的故事情节。

不管是古驰还是阿玛尼，任何人都不希望自己的主管是身穿顶尖名牌的职场恶魔。

大学友人的烦恼

安琪在一家贸易公司担任业务经理，平时除了要与其他部门经理开会讨论，还需召开自己部门的会议。由于议题繁杂，每次开会都会超过预定时间，无法准时结束，同事们不得不超时加班以完成手上的工作，导致部门里经常是怨声载道。安琪深感无奈，她自己也不希望成为穿着普拉达的恶魔。

"你为什么要开这么多会？"我问安琪。

"因为要讨论的事情很多啊！"

"那为什么总是无法准时结束呢？"

"因为要报告的同事很多啊！"

"你有请报告的同事预先准备书面资料吗？"

她想了一会儿说："好像都没有。"

我再问："你有规划议题并加以分类的习惯吗？"

"没有。"

"你有请同事先行针对议题收集资料，或是设想可行方案吗？"

"没有。"

"如果你没有养成上述的任何一种习惯，那么会议必定是开不完的。"

"那我该怎么办？"安琪焦急地问，她不想引起"民怨"。

会议开不完的原因

我坐下来，为安琪详细分析让她会议开不完的几项原因：

·报告人数过多

为了缩短会议时间，让有要事宣布的同事报告即可，不需要人人都发言。

·未准备书面报告资料

报告者如果没有准备书面数据，发言容易漏失重点，无法言简意赅地陈述关键内容。与会者如果手上没有书面数据，往往为了确认听到的内容，因一问一答而浪费许多时间。

•未做议题的规划及分类

有效率的会议如同一篇好文章，需有起承转合。未将议题分类，也没有安排合宜的讨论顺序，开会容易流于杂乱无章，无法顺利进行。

•未事先收集资料及设想可行方案

会议主持人若仅是选出议题，但未事先收集资料及思考解决方案，虽可激发同事们的热烈讨论，但往往会因意见分歧或立场不一，最后仍旧难以取得共识或达成协议，使得会议结束时间被迫不断延后。

缩短会议时间的建议

安琪听了我的分析后，点头表示明白。另外，我针对"人""地""时""事""物"等五个层面，提供她如何缩短会议时间的建议：

1. "人"——减少报告人数

规定重要的干部每次开会必做报告，其余同事则隔周或隔次再做报告即可。如有同事的表达能力较差，或是无法掌握报告重点，则应要求事前预做练习，以免耽误其他同事的时间。

缩短会议时间的五大法则

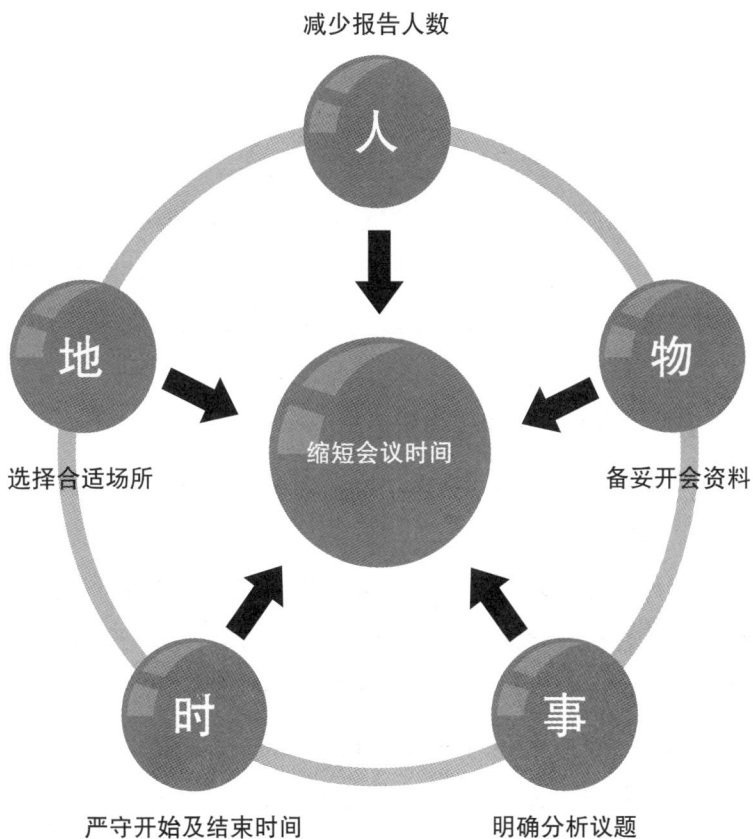

减少报告人数

人

地

物

缩短会议时间

选择合适场所

备妥开会资料

时

事

严守开始及结束时间

明确分析议题

2. "地"——选择合适场所

会议室过大，彼此的目光难有交集，也不易进行有效的沟通和协调。选择大小合宜的会议室，并依照会议性质，调整会议桌排列的方式，可促使与会者积极发言，迅速达成结论。

3. "时"——严守开始及结束时间

无法准时开始的会议，往往难以准时结束。敦促大家务必准时出席，莫因等候少数迟到的人，而耽误全体同事的时间。在会议一开始，主持人应先说明会议议程，分配各项议程预定讨论时间，并明订会议的结束时间，让与会同事有心理准备，必须在设定时间内完成所有议程。

4. "事"——明确分析议题

针对不同的提案或议题，应仔细规划及明确分类，并请相关同事收集充分的信息，提供给与会者作为参考。另外，亦应先行思考该议题的可行方案。相关方案的拟定可自行构想，或请教有经验的前辈或专家。预先拟妥方案再行讨论，可使讨论焦点集中，有利于迅速达成共识。

5. "物"——备妥开会资料

天马行空、漫无重点式的报告，只会浪费与会者宝贵的工作时间。备妥书面资料，报告者才能言之有物，聆听者才可迅速了解报告大意。书面资料应力求精简，无须长篇大论。报告时，仅需挑选重点说明即可，其他数据则当作是提供给与会者参考的附件，如此应能大幅缩短开会的时间。

我们不见得要穿普拉达或阿玛尼，但是绝对不想成为同事眼中的恶魔。

减少会议及缩短会议，是你赢回人心的第一步。

控管上班时间

通关测验

进行自我评估时，请依自己目前的状况检验。

若已达成，请打√；偶尔能达成或尚无法达成，请空白。当每道测验都填上√时，即表示全数通关！

Review and Check

■ 请在读完本章后，进行第一次的复习及自我评估。

■ 请在一个月后，进行第二次的回忆及自我评估。

■ 请在三个月后，进行第三次的检讨及自我评估。

■■■ 会善用"CSDA"原则控管自己的时间：计算（Count）距离截止日期的时间、提前移动（Shift）截止时间、切割（Divide）总工作时间、全力冲刺接近（Approach）终止线。

■■■ 会尽量提早开始进行重要工作，明白离截止日期越远，自己的工作压力就越小。

■■■ 训练自己成为工作日志及笔记本的爱用者，积极使用便利贴、工作日志及日历。

　　■ ■ ■　会将杂事分类写在便利贴上，每完成一件事，立即杠除一项。隔天再将未完成的事项重新誊写至新的便利贴上。

　　■ ■ ■　将约定之事确实记录在工作日志上，提醒自己准时赴约。下班前，会检讨一天的"工作所得"，找出改善效率的方法。

　　■ ■ ■　有机会主导会议时，会利用"四制概念"提高工作战斗力：抑制开会的念头，控制开会的时间，管制开会的次数，限制开会的人数。

　　■ ■ ■　明白越少开会的主管越易掳获人心的道理，只在必要时开必要的会。

　　■ ■ ■　尽量减少自己被"征召"去开会的机会，积极地把时间留给自己的工作。

　　■ ■ ■　会正向应对会议的存在，从侧面了解会议之目的，委婉向主管请示，必要时请同事代为出席，不得不去开会时，会善用开会的时间。

　　■ ■ ■　积极让会议"速战速决"——限制报告人数，选择合适场所，严守开会时间，明确分析议题，备妥会议数据，避免会议"拖泥带水"。

　　■ ■ ■　会将自己的可用时间切割成不同等分，要求自己在各等分中达到应完成的进度。

　　■ ■ ■　会全力在截止日期前冲刺，尽量在截止期限之前完成工作，带给对方惊喜。

■■■ 会自我要求移动截止日期的红线，督促自己加紧工作，不会停滞原地不动。

通关笔记

第五章

制造上班时间

- ◆ 制造生命与工作的时间
- ◆ 制造蓝海时间的方法
- ◆ 善用零碎时间的秘诀
- ◆ 重叠时间配置法
- ◆ 时间与金钱的巧妙转换

24　制造生命与工作的时间
——挑战命运的最后演讲

要如何制造时间？

生命的延长与生命力的提升，就是制造时间的最佳方式。

挑战命运，就会为自己争取更多的时间。

最后的演讲

兰迪·波许是美国卡内基梅隆大学计算机系的教授，教学仔细认真，为人幽默风趣，广获校内师生的好评。

他的事业一帆风顺，家庭生活也堪称美满幸福。没想到在刚过完四十七岁生日之际，就从医生那儿得知自己罹患了胰脏癌，因肿瘤扩散多处，已属癌症末期，最多只剩下半年的寿命。医生的宣判犹如晴天霹雳，他在极度震惊及绝望下，忍不住与妻子相拥而泣。

痛哭一场后，波许擦干了眼泪，并做出一项决定。他决心要以微笑面对这无情的打击，要每天大笑，笑自己体内的癌细胞，笑身边所有的事情。

一个月后，学校邀请他进行一场演说，他选择以"最后的演讲"为题。在他演讲的过程中，现场数百名听众时而开怀大笑，也屡屡因感动而热泪盈眶。他以乐观正向的态度，看待老天爷加诸他身上的这个大玩笑，并感谢周遭所有帮助过他的人。他也侃侃而谈自己年轻时的梦想，曾经加入橄榄球队，赢得迪士尼的玩具，担任迪士尼的梦想工程师，最后还成为颇有名气的大学教授。

他珍惜人生中的每一个片段及际遇，也认为每一件事情都有其正面意义。他说："如果不能改变现状，就要思考如何响应；倘若不能决定拿到什么牌，就要努力打好手上这一副牌。"

这场演讲的影片被放在网络上，立刻引起广大群众的热烈反响，有超过千万人次点击阅读，网友们纷纷大力转发，个个都因他正面迎向命运的勇气与真诚而深受感动。

波许说这场演讲并非是为了到场听众所准备的，而是他本身想要对自己三个可爱孩子所讲的话。他要谈的主题不是死亡，而是人生中的重要议题，例如该如何克服工作障碍、应如何实现年少梦想，以及要如何帮助他人实现梦想等。

即使已是癌症末期，波许并未灰心丧志，仍旧积极乐观地接受治疗。他的演讲深刻鼓舞了许多面临重大危机的民众，从而激发他们勇于挑战困境的决心。

他的生平故事及演讲内容经编撰成书，引起社会大众的热烈反响，中文版上市时，距离医生宣判"死期"之日也已有一年半的时间，远远超出原本宣告的半年期限。

他的坚强意志及乐观态度，为自己延续了生命，也为自己创造了时间。

他在人生旅途的尽头，以自己的生命燃放出耀眼的光芒，也点亮无数人内心的希望明灯。

波许获选为美国《时代》杂志 2008 年世界百大最有影响力的人。在同年 7 月虽然终于不敌病魔，与世长辞，但他乐观进取的形象，却永远活在人们心中。

人生与工作的终点站牌

人生的旅途必有终点，但是选择如何抵达终点，着实考验着个人的智慧。

上班的生活亦有终点，但是选择如何在工作生涯中尽情发挥、如何退而不休，也取决于个人的自我期许与生命意义。

上天为波许的"生命公交车"竖立了一个终点站牌，他似乎不得不认命地等待最后一日的来临。然而他以毅力与信念，成功移动老天设下的站牌，将它向后挪移了数站，让自己的生命得以延续，也发挥了最高的人生价值。

上班族的"工作公交车"也有一个"退休"的终点站牌，许多年轻人对于退休日的来临总是满怀期待。然而，与其消极地坐等退休日到来，还不如主动积极地投入工作，实现自己的梦想，拥有收获丰硕、多彩多姿的一生。只要个人的成就越高，即使抵达第一个"退休站牌"，往后还是大有机会展开后续的旅程及第二事业，延长自己发光发热的时间。

其实，医生宣判的"人生终点站牌"及公司规定的"工作终点站牌"并非牢固不可撼动的，而是凭一己之力可以移动的。

能将站牌移动得越远的人，就可为自己制造越多的时间，也能将更多的时间贡献给他人。

移动人生的终点站牌

接受命运

终点
站牌

移动站牌

挑战命运

终点
站牌

终点
站牌

多制造的时间

后记

我的阿姨是一个平凡的妇人，她没有波许教授的渊博学识，也没有他的过人智慧。但她含辛茹苦地独立抚养三个女儿，直至她们完成大学教育。

在被医生宣判罹患肺腺癌末期后，她从未放弃积极治疗，努力与死神一搏。在多次放射线与化疗的过程中，她的身体极度不适与疼痛，出现许多难以忍受的副作用，体重亦急剧下降。每次前往探望时，她总是不提病情，以笑容面对亲朋好友。甚至在过年的家族聚会上，犹可高歌一曲，希望带给我们欢乐。

阿姨终于不敌病魔而辞世。但是在她的毅力与坚持下，"人生终点站牌"仍往后挪移了一大段。她没有留下如同波许教授的精彩演说，但是她的积极乐观，仍深深影响了每一个陪伴她走过此生最后一程的人。

25 制造蓝海时间的方法
——时间管理的"蓝海站略"

蓝海策略，帮你找到避开激烈厮杀之红海的快捷方式。

蓝海时间，助你超越只懂得在红海时间打拼的人。

意大利的美丽蓝洞

那令人留恋的卡普里呀！

令人陶醉的景色多美丽，

放眼望去到处一片碧绿，

我始终也不能忘记你。

这是一首来自意大利卡普里岛的著名民谣《令人留恋的卡普里》，相信很多人对这首悦耳动听的歌曲记忆犹新。

在风光明媚的卡普里岛上，有一个神秘奇幻的"蓝洞"，是全球观光客竞相前往一窥美景的旅游胜地。船夫驾着扁舟、轻摇船桨，引领游客进入由海水侵蚀而成的石炭岩洞穴。从阳光耀眼的海面一划入洞穴后，犹如进入一个梦幻世界，水面波光粼粼，湛蓝的海水清澈见底，在洞外阳光巧妙折射的辉映下，洞穴内的整个水潭闪耀出如同蓝宝石般的璀璨光芒，让人不禁陶醉于这如诗如画的绝美景致。

"蓝海站略"刚被提出时，我立刻联想到曾造访过的意大利"蓝洞"，至今脑海中仍深深刻印着鲜明又美好的记忆。

金伟灿及莫博涅两位学者在《蓝海站略》一书中提出崭新的概念，建议不要在已是血流成河的红海里搏斗，应当寻找尚无强大竞争者的蓝海，采用新思维，创造新市场，以降低进入市场的障碍，赢得最大的利基。

蓝洞很美丽，蓝海很诱人。那么，在时间管理上，是否有所谓的"蓝海站略"呢？

蓝海时间与红海时间

依前述两位学者的想法，红海是已知的市场，早有八方人马争相涌入、各据山头，进行激烈的竞争与厮杀；而蓝海是未知的市场，尚未被众人注意或知晓，所以格外宁静且平和。

将上述概念进一步导衍，我们也可以将自己的工作时间区分为"红海时间"及"蓝海时间"。

◎ 红海时间——

这是一般人比较懂得利用的时间，包括完整的时间、心情愉悦的时间、宁静的时间、精神放松的时间、规定的上班时间等。在这些时段里，一般人多会努力振作精神，积极提高自己的工作效率。

◎ 蓝海时间——

这是一般人比较容易忽略，也比较不易掌握的时间，例如不完整的时间、心情低落的时间、嘈杂的时间、精神紧张的时间、上班前的时间等。在这些时段里，上班族经常有意无意替自己找寻借口，忽视这些时间的存在。

在红海时间里，每个人均勤奋工作，所以成果大都不分轩轾，无法分辨高下；相对而言，在蓝海时间里，有的人松懈休憩，有的人则继续努力前进，那么后者的收获将大幅超越那些已经停止不动的人。

在蓝海时间中，你当然可以稍事歇息，舒缓自己紧张的心情。等情绪恢复正常状态后，如果你希望比别人获得更多的成果、达到更高的成就，就请把握这段时间好好努力。

有一次在日本，听到电视台记者访问旅日棒球选手王贞治，请问他为何能够打出比其他选手更好的成绩。

他带着认真的表情回答："当别人练习的时候，我一定要练习；当别人不练习的时候，我更要练习！"

　　这真是一段激励人心的话！王贞治懂得珍惜把握一般人无法利用的蓝海时间，替自己"制造"了额外的时间，所以能够创造出傲人的佳绩。

制造蓝海时间的方法

　　如何积极"制造"蓝海时间呢？

1. 跳脱完整时间的思考框架

　　努力争取最多的完整时间，是提高工作效率的良策，但在现实的上班生活中，时间总是被会议及杂务切割得支离破碎。当我们认清事实，发现无法拥有许多完整时间，就应该跳脱原本的思考框架，正视非完整时间的存在，进而好好运用那些过去容易遭到忽略的时间。

2. 莫为个人心情找借口

　　人的情绪常有高低起伏，个人际遇未必一帆风顺。但是公司或机关雇用你，并非为了让员工利用上班时间来修补自己心情上的创伤。个人的情感问题及家务事请放在家里就好，尽量不要带到上班的地方。不愉悦的心情或不快乐的表情，只会影响你的工作、浪费你的时间，却无法解决任何问题。专心投入工作中，有时反而是一种情绪的解脱。

3. 打败环境的干扰

人人都冀望有宁静的工作环境，但非个个可得。若工作环境十分嘈杂，建议先挪移位置，寻找较安静的地方办公；若无法移动位置，请戴上耳机，以减少噪声的干扰；若因工作性质不适合戴耳机，则建议在该时段内从事一些较不需思考的事务性工作，例如整理档案、分发数据等，充分善用这些非宁静的蓝海时间。

4. 把握上班前及午休时间

先前的章节已讨论过提早上班的好处，你应已明白"一日之计在于晨"的要义。至于中午的时间，除了用餐及处理个人事务外，如果可以减少排队等待的时间，你便能多拥有可供自由运用的时间；如果可以缩短与同事的聊天，你便能多制造一些过去无法利用的时间。愉快的用餐很重要，但在事务繁忙之际，蓝海时间的有效应用更为重要。

蓝洞内的海水其实并没有比洞穴外的海水更蓝，是阳光的折射让洞内的海水闪烁出耀眼的蓝光。

蓝海时间其实并没有比红海时间更长，但是懂得善用时间的人，会使蓝海时间变得弥足珍贵。

时间的蓝海战略

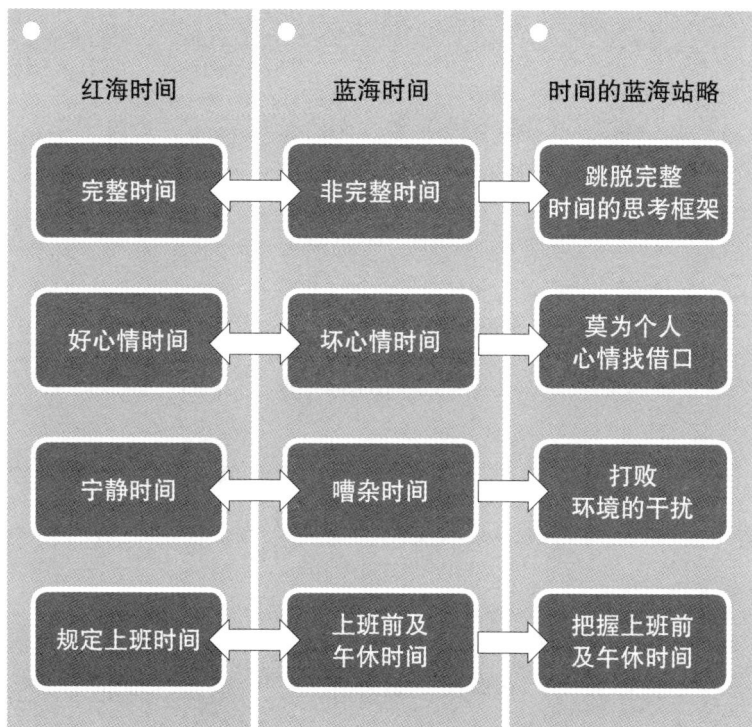

红海时间	蓝海时间	时间的蓝海战略
完整时间	非完整时间	跳脱完整时间的思考框架
好心情时间	坏心情时间	莫为个人心情找借口
宁静时间	嘈杂时间	打败环境的干扰
规定上班时间	上班前及午休时间	把握上班前及午休时间

26 善用零碎时间的秘诀
——何薇玲董事长的时间管理

> 古人惜光阴，贵于惜黄金。光阴金难买，黄金失可寻。
> 大禹惜寸阴，陶侃惜分阴。吾辈方少年，更应惜秒阴。
>
> ——古诗

寻找珍贵的松露

松露、鱼子酱、鹅肝酱并称为"世界三大珍馐"，其中以松露最为名贵，其散发出的迷人香气，使老饕为之神魂颠倒。

古代人相信松露是闪电的女儿，一位知名的作曲家兼美食家称松露为"蘑菇中的莫扎特"。以松露产地而言，法国的黑松露及意大利的白松露最为名贵，前者的价格可比黄金，后者则如同钻石般昂贵。

松露究竟是什么？它是一种长在地面下的蕈菇，大部分在橡树或榛树的树根旁着丝生长，块状主体则藏于地底十到数十厘米之处，其气味及品质随依附生长的树种而异。因松露对生长环境的要求极为严苛，无法以人工栽植，数量甚为稀少，故价格十分昂贵。

　　为了寻觅藏身于地底的名贵松露，采集者必须训练猎犬，利用猎犬的敏锐嗅觉来辨识松露散发出的独特香气。当猎犬在某一座树根前徘徊不去且兴奋不已时，即代表它已找到这种餐桌上的美味宝石。

零碎时间的共同特征

　　希望制造出更多时间的人，也应该具备猎犬般的灵敏嗅觉，找出工作空当中的零碎时间。

　　零碎时间一般藏匿于正常工作里、访客会谈中、会议时间里等。如果不强化自己的"嗅"觉，往往不易察觉零碎时间的存在。

　　积极累积零碎时间，加总后所获得的效果，绝不逊于松露的珍贵程度。

　　越是缺乏时间的人，越应把握自己生活中的零碎时间。越能好好运用零碎时间，就越能替自己制造出额外的时间。

　　零碎时间一般具有三项共同特征：

　　非连续性——零碎时间多半是非连续性的，时间长度亦短于完整时间，通常是发生在两件长时间的事务之间。

非预期性——当原定计划或行程出乎意料无法顺利进行时，常会产生零碎时间，故具有非预期性。

非经常性——部分的零碎时间是属于偶发性质的，在特定事务进行时才会发生，故具有非经常性。

我们了解零碎时间的特征后，便能进一步强化对该类时间的侦察能力，从而积极利用该段时间。

何薇玲董事长的零碎时间

前惠普科技董事长何薇玲也是"零碎时间"的"爱用者"。她是跨国企业的 CEO，除了忙碌的工作外，还能拨出时间画油画、写专栏、唱歌剧，享受多彩多姿的休闲娱乐。

某次接受《天下杂志》专访时，她透露自己管理时间的秘诀，就在于掌握零碎时间。平时虽然未必能找出完整时间做自己想做的事，但是两分钟的空当却是唾手可得，只要累积生活中无数个两分钟，即可创造惊人的效果。

她说零碎时间的"分期付款"概念，其实可与现代人的生活模式做完整的结合。

善用零碎时间的秘诀

要如何有效活化过去无法积极使用的零碎时间呢？请参考以下的法则：

1. Check——检查零碎时间的状况

请记住彼得·德鲁克对于管理时间的重要概念：要管好自己的时间，必先记录自己的时间。对于零碎时间亦是如此。

请依个人的职场环境及工作性质，写出可能会出现的零碎时间，以提醒自己注意。例如：

正式开会前，等待同事或客户的时间。

研讨会中，中场休息的时间。

到公司拜访，客户现身前的时间。

到外地出差，等候及搭乘交通工具的时间。

打电话联络，总机接通对方前的时间。

进行文件处理时，开关机与下载文件的时间。

与上司讨论，等待老板的时间。

只要你肯花心思去检查（Check）这些零碎时间的存在，就越不易让这些时间白白流逝。

2. Count——计算零碎时间的总量

请以简单的加法，将上班一整天内的零碎时间加总，计算（Count）出自己到底一天有多少零碎时间。

过去的零碎时间对你而言可能相当于废弃物，没什么利用价值。但是经过仔细计算后，你就会惊觉零碎时间的总和庞大到超乎想象，使你不得不做"资源回收"。

3. Design——设计零碎时间的运用

对于不同场合、不同长度的零碎时间，需设计（Design）一套独特的应对方式。例如在办公室打电话等候对方的空当时间，你可以收发电子邮件；在开会前等待同事的时候，你可以着手规划会议结束后的行程；在等待老板的时候，你可以检查最近的工作进度；在研讨会的休息时间，你可以复习上半场的讲述内容。

运用零碎时间的方式越多样化，你就越能得心应手地利用零碎时间。

4. Prepare——为零碎时间做好准备

由于零碎时间的出现经常是无法预期的，我们应养成事前为零碎时间做好准备的习惯，这样在零碎时间突然发生时，才能立即加以利用。

请在公文包里准备三件物品：一支笔、一本笔记本及一本想看的书。在零碎时间突然出现时，你可以用笔在笔记本上进行思考、规划、设计与记录，亦可利用这段时间阅读书籍、吸收新知。

另外，请将写在便利贴上的杂务事项，当作是无法进行重要工作时的"备胎"，一有零碎时间出现，即可用来逐一

善用零碎时间

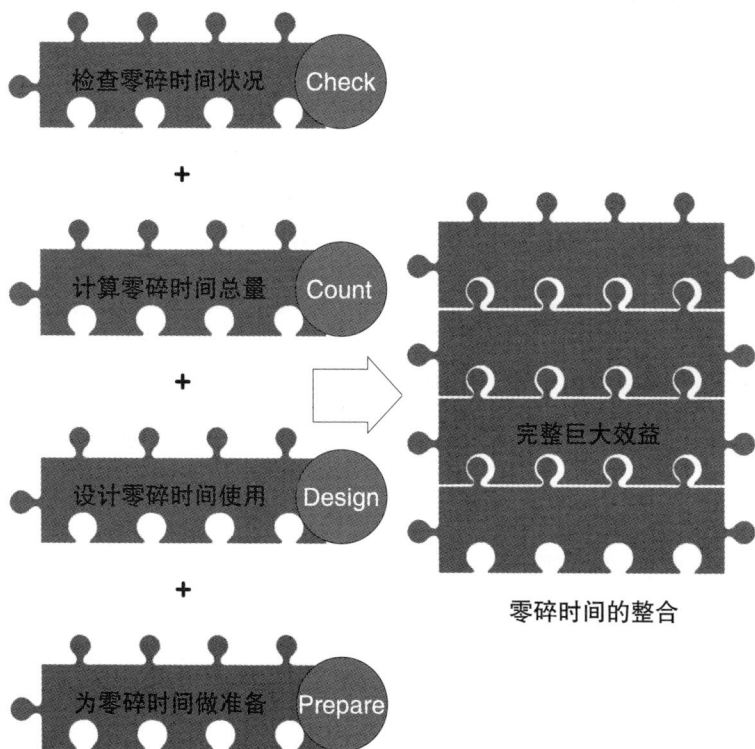

检查零碎时间状况　Check

+

计算零碎时间总量　Count

+

设计零碎时间使用　Design

+

为零碎时间做准备　Prepare

完整巨大效益

零碎时间的整合

处理各项杂务。

善用以上的检查、计算、设计及准备技巧，可以使零碎时间的效益发挥到极致，让时间的"废物"变成黄金！

27

重叠时间配置法
——《预见未来》的分身

分身，只有出现在武侠小说及科幻电影的虚拟世界里。

同时分工，则出现在优秀管理者的真实世界中。

同时分工，会帮助自己制造有效的分身。

关键下一秒

克里斯·约翰逊是个天赋异禀、能预见未来的奇人。

他的超能力引起学术机关及医疗单位的高度兴趣，但他不愿被当成实验室里供研究用的"小白鼠"，便藏身于拉斯维加斯的赌场，以赌博及变魔术维持生计。

恐怖组织扬言将引爆核弹，引发全世界的大恐慌，美国联邦调查局在束手无策之下，只好求助于约翰逊。他反复思考，经过一番天人交战后，终于答应以自身预见未来的能力出手相助……

这是科幻大师菲利普·迪克的短篇小说《预见未来》的情节，后经改编为同名电影，由影帝尼古拉斯·凯奇主演，在全球创下票房佳绩。

在电影中，约翰逊为了在定时炸弹爆炸前，实时找到被歹徒绑架的女主角，便发挥他的超能力，让自己迅速分身，一分为二、二分为四、四分为八地快速"复制"，每个分身各司其职，分别识破敌人的陷阱与机关，终于直捣黄龙，实时救出女主角。

工程师的一天

在工作极度繁重、已无法招架时，你一定十分渴望能有许多"分身"，帮忙分担原本做不完的工作。

当然在真实世界里，我们没有超能力，也不可能复制"分身"，但是可以利用"同时多任务"的概念，替自己制造更多的时间，准时完成主管交办的工作。

杰生是一位研发工程师，负责新产品的筹划设计与特性分析。在三月的某一天，他要做的事情及预估工作时间如下：

✱组件特性分析测试实验——两小时；

✱撰写测试报告——两小时；

✱从台北至高雄出差——两小时（搭高铁）；

＊高雄分公司会议——两小时；

＊汇整会议数据——两小时；

＊从高雄回台北——两小时（搭高铁）。

将上述所有预估工作时数加总后，所得数值为十二个小时。以一般的上班时数来看，若杰生不拼命熬夜加班的话，绝不可能在一天之内完成。

但若稍加改变思考模式，将会发现可安排出完全不同的工作日程。

参考下页"杰生的一天"的附图可知，如果他在搭乘高铁前往高雄的途中撰写测试报告的话，当抵达目的地时，报告已经撰写完毕，所以可让两件事情在同一时间完成。

在分公司开完会后，如果在搭高铁回台北的途中汇整会议资料的话，当高铁驶进台北车站时，他又已完成了会议报告。

依照上述建议的工作程序，杰生可以将工作时间大幅缩短为八小时，等于节省了四个小时，无须熬夜加班，即能做完所有事情，可以准时下班，轻松回家。

杰生的一天

原有的工作时程

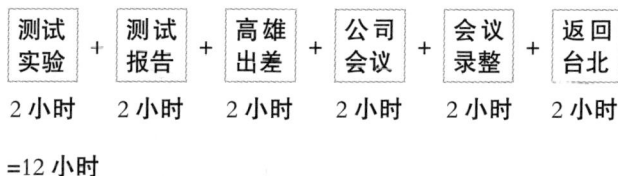

| 测试实验 | + | 测试报告 | + | 高雄出差 | + | 公司会议 | + | 会议录整 | + | 返回台北 |

2 小时　　2 小时　　2 小时　　2 小时　　2 小时　　2 小时

=12 小时

↓ 重叠工作日程

改良后的工作时程

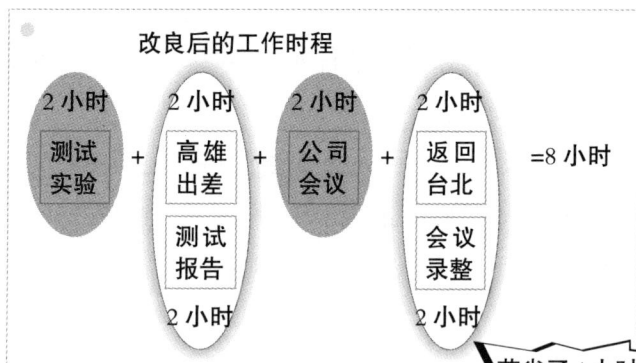

2 小时　2 小时　　　2 小时　2 小时

测试实验 + 高雄出差 + 公司会议 + 返回台北 =8 小时

测试报告　　　　　会议录整

2 小时　　　　　2 小时

节省了 4 小时！

重叠时间配置法

习惯按照工作日志逐格排定工作的人，最容易落入如同杰生原有工作时程的迷思。他们惯于将各个工作填入日志中仍留有空格之处，误以为总工作时间是所有事务工作时间的总和。其实，某些工作可以在同一时间内一起进行，只要巧妙地挪动与安排，即可提前完成所有工作，为自己制造更多的休闲时间。

"重叠时间配置法"是我惯用的一种时间管理实用技巧。在思考工作流程时，切勿以为所需总时间一定等于各步骤分别所需时间之总和，这是因为许多工作可同时进行。当同时进行的事项越多，所需总时数则越短。

在这个方法中，有两种不同类型的时间，一是"状况时间"，二是"实务时间"。分别说明如下：

◎ 状况时间——

在进行某种事务或某样动作的状况下，时间不断流逝，但自己其实并未投入大量心力，这段时间即称为"状况时间"。例如在会议中，我们枯坐发呆等待会议结束，但其实没有劳心劳力；在通勤时，我们站着等车或坐在车上，但实际上并未动脑思考。

◎ 实务时间——

花费自己的精力、体力、脑力，全神贯注投入工作的时间，则称为"实务时间"。例如在办公室内进行脑力激荡，挖空心思规划项目；或在实验室内聚精会神，仔细执行分析与测试。

如果你希望拥有更多的时间，请先按照事务的性质，将自己一整天的工作时间区分为"状况时间"及"实务时间"，然后依"重叠时间配置法"予以适当排列组合，尽可能在同一时段中，让多项"状况时间"及"实务时间"性质的工作可同时完成。

我们无法如同电影《预见未来》般制造出自己的分身，但是可以利用"同时分工"的诀窍，制造出自己渴望的时间。

28　时间与金钱的巧妙转换
——谢震武的宝贵时间

需要薪水的人，用时间去换金钱。

需要生命的人，用金钱去换时间。

两者都需要的人，用时间去换金钱，再用金钱去换回自己的时间。

时间就是金钱

在新竹的一场研讨会中，遇到好久不见的莉莎。当年她还是个青涩的法律系学生，如今已成了独当一面的律师事务所负责人。

"没想到你也来参加这个研讨会。"我向她打招呼。

"是啊！"她愉悦地回答。

"你怎么来的呢？"

"自己开车啊！"莉莎扬眉补充了一句，"时间就是金钱！"

她继续问："那你怎么来的呢？"

"搭高铁。"我回答。

"那你是用金钱去换时间啰！"她开玩笑地说。

我笑着点头表示同意。

谢震武的宝贵时间

"时间就是金钱"，对于高收入族群来说，这是工作上必须恪守的信念。

身兼电视节目主持人身份的知名律师谢震武，会将每一小时分为六格，每格以十分钟计价，记录每一小时的法律咨询事项。

"六格法"成为他查核自身及部属工作成果的重要工具，随时自我提醒时间的重要性。

每天下班回家后，谢震武就会依"六格法"列出当天的工作事务，估算一整天的工作"产值"，检讨工作成效与"产值"高低，作为日后调整工作的参考依据。

我相信莉莎也是"六格法"的受用者。不过究竟是"时间就是金钱"，或是"金钱就是时间"，我与她的想法有些差异。

时间与金钱的选择

由于工作上的需要，我经常至新竹工业技术研究院或科学园区开会。

从台北至新竹，有几种不同的交通方式可供选择：

* 搭乘客运；

* 自行开车；

* 搭乘台铁；

* 搭乘高铁；

* 搭乘出租车。

如果考虑搭乘大众交通工具到站后，尚须花费时间转车，则自行开车及搭乘出租车应该是最便捷快速的方式。再以两者所花费用进行比较，自行开车似乎是比较明智的抉择。

然而一旦选择开车，就必须全神贯注紧盯着高速公路上川流不息的车潮，无法放松精神，亦无法利用乘车时间做任何工作，因此这段时间均属于工作时间的浪费。

反之，从上一节"重叠时间配置法"的观点来看，即知当自己不开车时，才能"赚"到往返路途的时间。

再进一步分析以上的五个选项。首先，因预算考虑，先删除搭乘出租车的选项，又考虑要积极利用乘车时间，故再行删除自行开车的选项。

在剩下的三项大众交通工具——客运、台铁与高铁之间，究竟要选择哪一项呢？以费用而言，由低至高的顺序为：客运→台铁→高铁；若考虑堵车状况，则所需时间由短至长的顺序为：高铁→台铁→客运。

如果不赶时间且预算吃紧，我们应选择搭乘客运。若是时间紧迫、工作忙碌，且预算允许，我们应选择搭乘高铁。

我之所以会选择高铁，另一个原因是车厢的震动最小，适合阅读数据，或在车上进行电脑文件作业。

总而言之，时间确实是金钱。不过在经济条件许可下，多花一些小钱，可为自己争取到更多的时间及工作的便利性。

时间与金钱的巧妙转换

对于想要制造更多时间的人，请利用右页图的概念：

有时花一些小钱，可以让你的工作更为轻松。例如提高一点预算，选择最便捷的交通工具；雇用勤工俭学学生，分担较不需专业技能的杂务；或是将部分工作外包，委请外部人员协助处理。

在"时间就是金钱"的概念下，是利用时间去赚取报酬；在"金钱就是时间"的理念下，则是借由金钱来节省

时间与金钱的转换

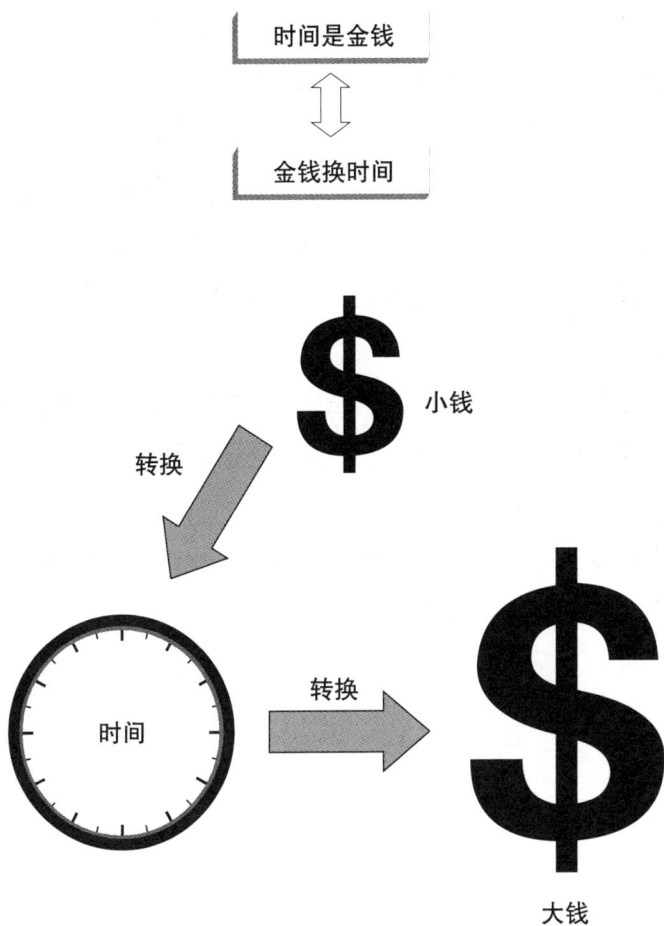

时间是金钱

⇕

金钱换时间

$ 小钱

转换

时间

转换

$

大钱

时间。

上述两种观念其实并不冲突。正确的做法应是："用小钱去换取时间，再利用获得的额外时间去赚取大钱。"切实贯彻这个思维，产生有效的正向循环，可使你的工作时间越来越缩短，但是工作所得却会不断增加。

在严重不景气的年代里，一般人多会紧盯钱包，不愿随意花小钱。这个想法固然没错，但有时省了小钱，却浪费许多宝贵的时间，可能会得罪一位重要的客户，耽误一场重要的会议，或错失一个重大的合约，反而痛失可以获得更多利益的机会。

适当地花小钱，赚回一些可利用的时间，再将时间投资在可获得更多利益的事情上，反而是更聪明的做法。

不论你是否属于高收入的上班族，只要懂得多多以时间换取收入，并善于以金钱换回时间，你也可以同时拥有充裕的个人时间与令人称羡的高收入。

制造上班时间
通关测验

进行自我评估时，请依自己目前的状况检验。

若已达成，请打√；偶尔能达成或尚无法达成，请空白。当每道测验都填上√时，即表示全数通关！

Review and Check

■ 请在读完本章后，进行第一次的复习及自我评估。

■ 请在一个月后，进行第二次的回忆及自我评估。

■ 请在三个月后，进行第三次的检讨及自我评估。

■■■ 会努力珍惜自己的生命，让自己拥有高成就又丰富的一生。

■■■ 不会轻易向命运低头，会竭尽所能地向后挪移自己的"人生终点站牌"。

■■■ 明白制造时间的最佳方式，就是生命的延长及生命力的提升。

■■■ 个人的工作梦想尚未达成前，不冀望提前抵达自己的"工作终点站牌"，也不轻言脱离职场。

■■■　会珍惜"红海时间"，但会更努力去开发众人容易忽略的"蓝海时间"。

■■■　会利用时间的"蓝海战略"，为自己制造更多可用于工作及休闲的时间。

■■■　除了善用完整时间，亦会跳脱原有的思考框架，正视非完整时间的存在。

■■■　不会为自己的心情找借口，了解将情绪留在家里即可，不会带着昨夜的混乱思绪上班。

■■■　会强化自身侦察零碎时间的能力，并随时做好准备，积极运用这些过去未曾派上用场的时间。

■■■　会检查及记录零碎时间的状况，并计算这些过去被"时间之贼"窃取的时间。

■■■　针对不同状态所产生的零碎时间，我会自行设计一套不同的应对方式，用来处理不同的事务。

■■■　在公文包里，会放一支笔、一本笔记本及一本自己想看的书。碰到零碎时间的出现，即可用来进行计划、思考及阅读。

■■■　会善用"重叠时间配置法"，有效减少原本的工作时数。

■■■　明白"状况时间"及"实务时间"的差别，会将两种类型的时间重叠应用。

■■■　了解时间就是金钱，但在必要时，愿意以金钱换取宝贵的时间。

　　■■■ 会以小钱换取时间，再利用获得的额外时间去赚取大钱。

通关笔记

第六章

节省上班时间

- ◆ 同类法则的应用概念
- ◆ 节省时间的四象限图
- ◆ 电子邮件及杂务的处理原则
- ◆ 节约无效益的等待时间
- ◆ 节约时间的黄金三角金字塔

29 同类法则的应用概念
——《星球大战》的绝地武士

武林高手的绝世武功，来自不断的扎实训练。
时间高手的强大功夫，来自日积月累的练习。

绝地武士的原虫

听过一种虫叫作"迷地原虫"吗？它存在什么地方呢？它就生长在绝地武士的血液中。

电影《星球大战》的绝地武士是一批拥有神奇力量的武者，他们不隶属于共和国，但会接受共和国的委托，介入调停国际纷争，援救重要人物，逮捕不法之徒，甚至还能率领军队征讨叛乱者。

绝地武士拥有强大的力量，也因此必须自我约束、严守纪律、无欲无求，尽力维护世界和平。

这些修练武技的武士相信一种称为"原力"的力量，这种力量来自浩瀚的宇宙。绝地武士借由不同形式的训练，得以灵活掌控并巧妙运用那股神秘的原力。

要如何成为一位绝地武士呢？这取决于他体内的"迷地原虫"数量。原虫数量越多者，越能和宇宙的原力产生共鸣，进而激荡出威力强大的力量，帮助绝地武士顺利执行任务。

时间原虫

我时常觉得，时间管理的能力似乎也取决于每个人体内的"时间原虫"数量。时间原虫数量越多者，越能和宇宙的"时间原力"产生共鸣，从而大幅增进个人的时间管理"功力"。

绝地武士的高"迷地原虫"数或许是先天生成的，但是我们的"时间原虫"数则是可以后天培养的。抱持积极的心态，拥有正确的观念，知道明确的方法，我们就能提高个人的时间原虫数，让自己也成为一位时间的绝地武士。

一位科技公司的总经理好奇地问我："你的工作不是相当忙碌吗？"

"是的。"

"那你怎么有时间写出这么多本书呢？"

"找时间啊！"

"你都利用什么时候写书？"总经理继续问。

"清晨。"

"早上刚睡醒的时候？"

"是的。我都是利用清晨脑力最旺盛之际振笔疾书，将大脑的思绪文字化，写两三个小时后再去上班。"

"所以你是将上班时间与写书时间做明显的区隔？"

"对！我习惯一心不二用，这样才能有效节省工作时间。上班时间要做上班该做的事，上班以外的时间再做自己喜欢的事。"

总经理同意地点了点头。

节省时间的同类法则

我来分享个人多年来养成的习惯，说明如何做好时间管理，减少工作所需花费的时间。这些省时秘诀的核心概念在于"同类法则"。

1. 工作前先适当分类

上班族最怕变成无头苍蝇一般，陷入忙、盲、茫的无底深渊。进办公室应做的第一件事情不是打开电脑，也不是立刻埋首办公，而是应将今天所欲进行之事做适当的分类，例如文件类工作、联络型工作、商议型事务、思考型工作等。

2. 同类型的工作一起做

将所欲进行之事分类妥当后，尽量在同一时段做同类型的事。例如一次收发电子邮件，一次回复所有信件，一次阅读所有公文，一次打完需联络的电话等。一口气做完同类型的工作，可节省不同事务之间的"切换"时间，并在工作速度上产生递增效应，有效提高工作效率。

3. 类似的问题一并思考

假设思考单一问题需花一个单位的时间，那么思考三个同类型的问题往往仅需两个单位的时间。这是因为当我们想出第一个问题的解决对策及方案时，可依此类推，将该思考模式套用在第二个及第三个问题上，如此即可有效缩短解决后两个问题的时间。

再者，将类似的问题一并思考，可以比较相互之间的异同，产生多样化的构想，以找出最佳的解决方案。

4. 可合并的会议一起召开

过多的会议只会让公司同事疲于奔命、人仰马翻。节制开会的次数及频率，是提高公司整体工作效率的重要概念。性质相近的会议应尽量合并举行，出席成员相同的会议也应尽可能一起召开，如此即可节省同事重复参加会议所浪费的时间，并且在相关议题上取得一致性的结论与共识，不会产生前后矛盾的现象，徒然虚耗公司内部的资源。

绝地武士的高强功夫来自原力，也来自正确的信念。

善用以上的四个法则，可有效节省上班时间，大幅增加你体内的"时间原虫"数，让自己成为时间的"绝地武士"。

节省时间的同类法则

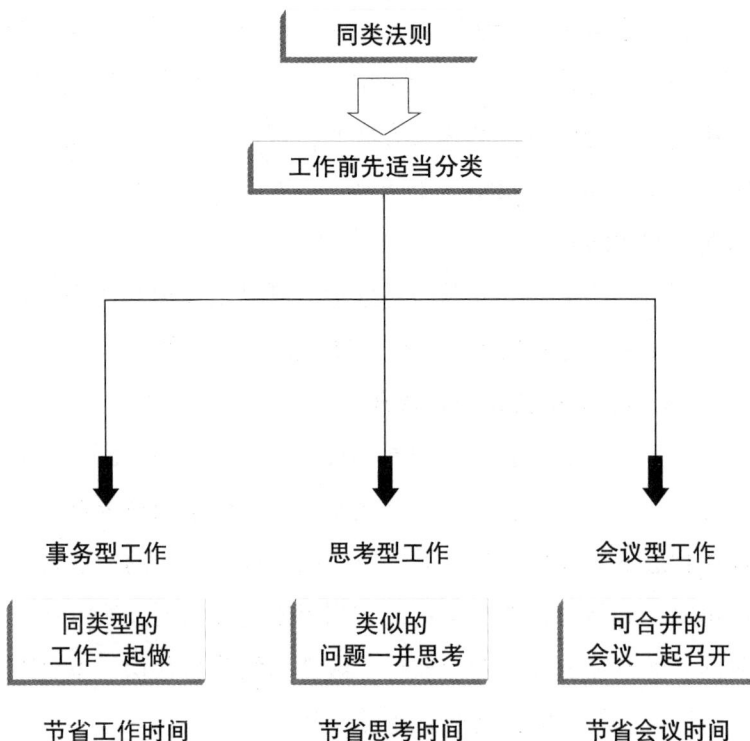

同类法则

↓

工作前先适当分类

事务型工作	思考型工作	会议型工作
同类型的工作一起做	类似的问题一并思考	可合并的会议一起召开
节省工作时间	节省思考时间	节省会议时间

30　节省时间的四象限图
——夏韵芬的三把刀

简化工作，是提升效率的关键法则。

删除杂事，是节省时间的必要策略。

做好一件正事，比做好十件杂事更有价值。

夏韵芬的三把刀

夏韵芬是知名的节目主持人，也是理财专家，长期为广大群众提供她个人独到的理财见解，教导民众做好个人的财富管理。

她建议大家，平常上街购物时，要随身携带虚拟的三把刀。

第一把是"水果刀"，专门针对精品下手。因为精品的价格较无弹性，没有太多杀价的空间，所以顶多只能以水果刀削下一些水果皮。

第二把是"主厨刀"，主要针对自己最熟悉的产品下手。在平时常逛的店里，因已与商家建立良好的关系，所以看见喜爱的物品时，务必挥砍主厨刀大力杀价。

　　第三把是"斧头"。在百货公司举行周年庆或年中庆时，因许多专柜均背负着业绩的竞争压力，这时可抓紧店员急于求售以冲刺业绩的心理，拿起斧头冷酷挥砍，让自己大获全胜。

　　善用这三把刀，可以帮助你以便宜的价格带回心爱的物品；同样地，我们也可以利用另外三把刀，协助自己切除不必要的事务，节省宝贵的工作时间。

节省工作时间的三把刀

　　有哪三把刀可以帮助自己节省时间呢？

　　❶ 第一把刀——美工刀

　　美工刀用以切割芝麻绿豆的小事。例如办公桌的摆设、文件档案夹的选择、电脑桌布的调整、会议数据袋的更换等。对工作无法产生实质效益的事，请尽量删除。

　　❷ 第二把刀——大菜刀

　　大菜刀用以切除干扰重要工作的杂务。例如电子邮件与文件的整理、名片及档案的排列、非必要的问候电话、充当人头的会议等。凡是会影响重要事务进度者，请尽可能用力删除。

❸ 第三把刀——武士刀

武士刀用以砍除成效不彰的计划。某些计划看似重要，但深入考虑或实际执行后，才发现其实无法产生明显效益。此时必须壮士断腕，切勿犹豫不决，应当冷静理智地果断切除，才可避免损失更多的时间。

这三把刀是你去芜存菁的好帮手，可帮助自己将宝贵的时间留给必要又重要的工作事项。

耗时与麻烦的四象限图

为了节约可工作的时间，我们必须筛选工作，而且在筛选之后，必须执行删除的动作。

有时我们在人情压力、主管权威、环境影响之下，或许很难判断何者该删、何者不该删。这时请参考我常用的"耗时与麻烦的四象限图"，帮自己做深入的分析。

首先确认要筛选的事务并非目前的重点工作，然后将这些"非重点工作"逐一填入附图的四象限图中。如下页图所示，横轴代表耗时长短，纵轴代表麻烦与困难的程度。经过排列组合后，会产生四个象限：

N 字型删除法则

耗时与麻烦的四象限图

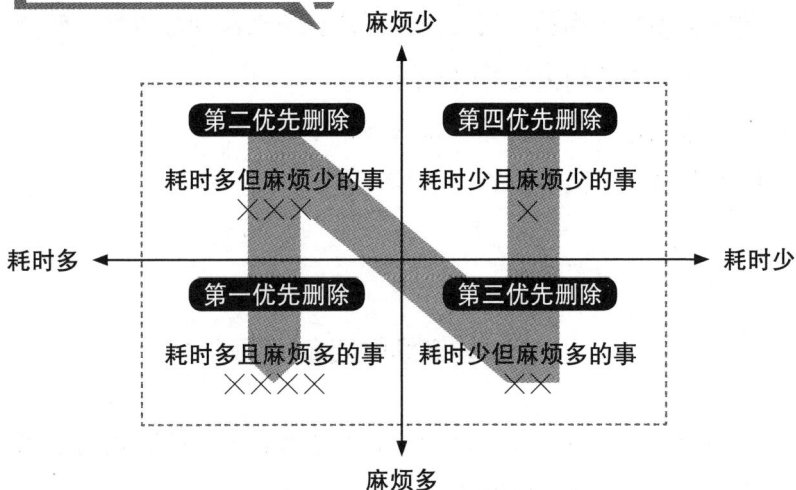

麻烦少

第二优先删除	第四优先删除
耗时多但麻烦少的事	耗时少且麻烦少的事
×××	×

耗时多 ←——————————————————→ 耗时少

第一优先删除	第三优先删除
耗时多且麻烦多的事	耗时少但麻烦多的事
××××	××

麻烦多

- 第一象限——耗时少且麻烦少的事;
- 第二象限——耗时多但麻烦少的事;
- 第三象限——耗时多且麻烦多的事;
- 第四象限——耗时少但麻烦多的事。

接着针对各个象限,考虑应予删除的优先顺序。

这四个象限中,最应该优先删除的是第三象限——耗时多且麻烦多的事,故标示四个叉叉。

勉强可以接受的是第一象限——耗时少且麻烦少的事,在不得已的状况下可勉强为之,故标示一个叉叉。

再者，应列为第二优先删除的是第二象限——耗时多但麻烦少的事。即使困难度不高，但因会耗时甚久，故标示三个叉叉。

至于第四象限——耗时少但麻烦多的事，虽然所花时间不多，但由于困难度高，须耗费心神处理，故标示两个叉叉。

叉叉数代表应予删除的优先次序。由上述内容可知，正确的删除顺序为：第三象限→第二象限→第四象限→第一象限。依先后顺序所构成的图形状似一个 N 字，故称为"N 字型删除法则"。请注意，此处 N 字书写的顺序，与第二章"重要与紧急的 N 字型法则"中的 N 字书写顺序是相反的。

明智的删除判断

芳华是一位任职于电子公司的业务经理，最近遇到数件与本身负责职务无关的"非重点工作"，到底该拒绝或是勉强接受，使她着实伤透脑筋。让我们利用"耗时与麻烦的四象限图"为她进行分析。

总经理请她代理出席营销会议，因时间不长（一小时），且仅需静坐聆听，此乃属于第一象限——耗时少且麻烦少的事，故可勉强接受。

另外，副总请她代为主持预算会议，虽然时间亦不长（一小时），但因她不谙公司财务状况，也不擅长控制会场气氛，此乃属于第四象限——耗时少但麻烦多的事，所以除非副总非常坚持，否则不应接受委托。

芳华的判断

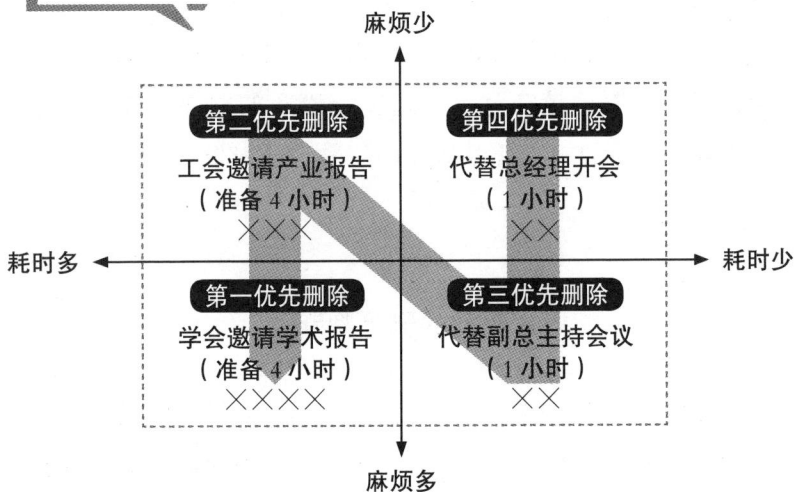

再者，工会请她针对市场的未来前景做个专题演讲，虽然她个人具有多年的市场经验，但由于事前需要长时间以做好充足的准备，属于第二象限——耗时多但麻烦少的事，如果能婉拒的话应尽量推辞。

最后，学会邀请她针对企业合并之优劣势进行学术报告，她对于这个主题完全陌生，即使硬着头皮勉强准备，亦是吃力不讨好，属于第三象限——耗时多且麻烦多的事，所以应在第一时间拒绝，以免耽误彼此的时间。

一个成功的上班族之所以要谨慎筛选并删除不必要的工作，并非为了免除麻烦或逃避责任，而是为了正视应面对的麻烦，并承担应负的责任。

唯有慎选应做之事，为自己省下时间，才能做好该做的事。

上班高手，不仅是在有限时间内让自己成功，更重要的是必须找到能让自己成功的时间。

31 电子邮件及杂务的处理原则
——智能型的"减法策略"

工作上最期待的事，莫过于成果的不断累积。

工作上最不期望的事，则是杂事的不断堆积。

智能型的减法策略

新型智能手机推出"刷脸"开机功能时，成功制造话题，也带动抢购风潮。

大家也热衷讨论熟睡中的丈夫是否会被妻子"刷脸"开机，而泄漏原本不为人知的秘密。

手机已是现代人必备的3C产品，也成为维持人际关系的重要沟通工具。

我平时需思考及专心工作的时间很长，故之前并不常用手机。因不习惯在工作之中，被随时会传来信息的通信软件或随时会出声的电话铃声干扰，所以我的手机是"备而不用"。

但因最近工作量增加，以及为争取联络时间，我也被迫成为手机的常用族群，只是在我需专心思考时，仍是维持关机的习惯。

早期的手机还设置传统的按键式键盘，方便用户输入数字及文字。但自从触控式面板的技术普及化后，新型的智能手机开始采用"减法策略"，让原本占手机面积约一半面积的键盘隐形化。

如此手机面板面积得以加倍，使得用户一次可读的信息内容变多，因此减少换画面的次数，从而提高使用效率。

垃圾的处理原则

"减法策略"的基本概念就是"简化"二字。在繁杂的工作中，如何聚焦于重要目标，删除生产价值低的杂务，是节省时间的重要考虑。

有时候，杂务就好比是居家生活中所制造出来的垃圾。从大卖场或量贩店买回来的生鲜食品及生活用品，在利用完具有价值的部分后，所留下的塑料盒、纸袋、空瓶罐、包装盒、食物残渣等，均是需要处理的垃圾。

有经验的家庭主妇或主夫都知道，处理垃圾的第一原则是"分类"，依照类别分开放置于不同的垃圾袋；第二原则是"累积"，直到各类垃圾达到一定的存量；第三原则是

"处置"，再将各类垃圾分别丢弃。

处理上班杂务的原则，与处理家中垃圾的原则大同小异。

电子邮件的处理

电子邮件是上班族重要的联络方式，除了使用办公室的电脑外，利用手机亦可轻松收发电子邮件。

电子邮件固然大幅提升了现代人在工作上的便利性，但也同时破坏了上班族工作的连续性。如果你不时在收信，手上的工作便会不停被打断；若是你不时在回信，还能剩下多少时间来处理重要的正事呢？

为了节省处理电子邮件的时间，请参考以下的建议：

1. 在固定时间或空当时间收信

请在固定时间或空当时间收信就好，不须在上班时整天盯着电脑屏幕，期待随时有人会寄信给你。信收得越多、越勤快，干扰就越严重，工作速度也会越慢。

2. 看完标题后直接删除垃圾邮件

垃圾邮件防不胜防，即使你已封锁许多电子邮件账号，它们仍是无孔不入。为了避免病毒入侵，也为了减少时间的浪费，看到标题并判断为垃圾邮件后，请设定为"拒收的发件人"，并立刻果断地加以删除。

3. 阅读邮件并适当分类

删除垃圾邮件后，再打开剩余有意义的信件，以扫描方式进行浏览。在知其大意后，请将值得保留的信件依工作性质予以适当分类，分别存入不同的文件夹，例如会议、简报、产品信息、客户信息、市场调查等，方便自己回头找寻邮件时，不会如同大海捞针般毫无头绪。

4. 标示特殊颜色符号

许多电子邮件收件软件具有标示特殊颜色符号的功能。举例来说，我会将红色小旗子设定为紧急联络事宜，橘色小旗子设定为会议时程，蓝色小旗子代表研究计划事宜等。如此可一目了然地轻松区分出每封信须回复及处理的急迫性，也方便自己追踪各事项的进度。

5. 寻找空当时间回信

除了十分紧急的信件外，对于一般邮件，请利用零碎时间或空当时间一起回信即可。统一在一个时段回信，可节省回信的时间，并减少对正常工作的干扰。

杂务的处理

有关其他杂务，也请采取处理垃圾的三大原则：分类、集中、处置。

一般人对于杂务，有"随到随处理"的习惯，但这未必是个好习惯。

一想到要与某客户联络，就立刻打电话；一想到要与某人讨论，就立刻离开办公桌；一想到要查询某数据，就立刻前往档案室。如此这般处理杂事的频率越高，越将自己的时间切割得支离破碎，无法拥有完整的"块状时间"。

要尽可能让自己的工作时间完整，请克制住想立即处理杂务的心，待同类型的杂务累积至一定的量之后，再统一集中处理。

请将杂务区分为联络型、沟通型、整理型事务。

可将须拨的电话，集中累积至一定数目后，再于同一时段密集拨打；针对须沟通的问题，可先写在便利贴上，等待合适的时段再统一处理；对于文件归档或整理办公室等事务，应避免占用正常上班时间。

将同类型的杂务一口气做完，可节省更多宝贵的时间。

垃圾，是生活中无可避免的自然产物。做好垃圾处理，实行资源回收，就是爱地球的表现。

杂务，也是上班中逃脱不了的衍生事务。以最少的时间处理杂务，就能拥有最多的时间处理正事，这就是爱时间的表现。

杂务的处理原则

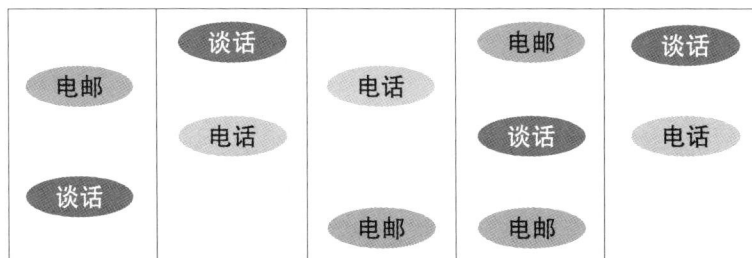

❶ 分类

❷ 集中

❸ 处置

32　节约无效益的等待时间
——时间差攻击法

在排球场上，时间差攻击是为了杀球得分。

工作职场上，时间差攻击是为了省时省力。

时间差攻击法

慕尼黑奥运那年，日本男子排球队使出独特的秘密绝招——"时间差攻击法"，击败了人高马大的西方国家选手，夺得奥运金牌，旋即震惊了全世界。

何谓"时间差攻击法"？就是由前排的攻击球员先做出假动作，跃起作势杀球，引诱对方的防守球员腾跳拦球，当对方球员开始从高点往下落时，再由我方后排的球员利用对方的防守空当出手攻击，让对手错失拦网时机而痛失分数。

这个方法巧妙地利用攻击及防守的时间差，因为假攻击与真防守的时间相互重叠，而真攻击却发生在防守时间之后，防守球员只能眼睁睁地看球直射过网，但来不及跃起防守，故毫无招架之力。

朱莉在某家公司担任会计。在一场学员座谈会中，她诉说自己工作忙碌的状况。

"我每次去银行汇款，都要排队等上许久，耗掉许多时间。"她面露无奈地说。

"你都是几点去银行呢？"我问。

"大约下午两三点。"

"那不是人最多的时候吗？"

"对啊！"

"你不能早一点去吗？"

"可以啊！"她略带腼腆，"不过，我都是等手上工作告一段落了，才想到要赶去银行。"

"如果你可以早一点去银行，在人少的时候，迅速处理完该做的事，会节省更多时间。"我微笑地说。

她听了点头表示同意。

等待是时间的杀手

等待是上班时间的凶狠杀手之一。要从杀手掌中救回濒临垂危的时间，就要积极地减少等待。

经过日复一日、年复一年的上班生活，等待似乎成了上班时间不可避免的一环。我们太习惯于现在的上班模式，也就逐渐忘却了避免等待的重要，使得等待成为谋杀时间的元凶。

我们在什么状况下需要等待呢？

✱上下班高峰的时段；

✱对方忙碌的时候；

✱对方难以决定的时候；

✱对方不愿回复的时候；

✱联络不到对方的时候；

✱对方心情不好的时候。

这里的"对方"二字泛指同事、部属、上司、客户、服务你的人，以及你要服务的人等。

时间差攻击策略

为了避免等待，"时间差攻击法"是个有效的策略，能够帮助自己在正确的时间"出手"，直捣黄龙，达成预定目标。

如果你想节省工作中的等待时间，请参考以下建议：

1. 避开人潮多的时段

不论是银行、邮局、餐厅、展览会场等，都有人潮较为拥挤或稀少的时段。如果我们必须到这些地点办事的话，选择在人潮较少的时段前往，才能避免将时间虚耗在长长的排队人龙中。

2. 避开对方忙碌的时段

在一整天的上班时间里，每个人都有特定的忙碌时段与轻松时段。找出自己的空当时间固然重要，但未必能与对方的空当时间相互配合。在必须与对方有所接触的状况下，避开对方忙碌的时段，选择对方不忙的时候，你才能迅速达成商议之目的，或得到应有的服务。

3. 避开对方不便的时段

人是情绪的动物，难免心情会有高低起伏。懂得选择正确的时间与上司或主管会谈，是上班族的求生法门，不仅可以减少无聊的等待，亦能避免无情的挑剔。与客户约定时间，也应以同理心为对方设想，不让对方为难，才是正确的待客之道。

4. 设定容易联络对方的时段

在工商社会里，忙碌似乎已成了一种必然，想要联络到对方，往往需大费周章。对方不会整天坐在办公室里等电话，为了争取时效，手机、电子邮件、简讯、语音留言等，都是与对方取得联系的重要方式。除此之外，推测或打听哪些时段容易联络上对方，亦是一种聪明的做法，可以避免自己不断扑空，也节省枯等的空白时间。

"时间差攻击法"的重要概念，在于要为对方的时间设想。

多为别人设想一步，你要做的事才能在第一时间完成。

时间差攻击法

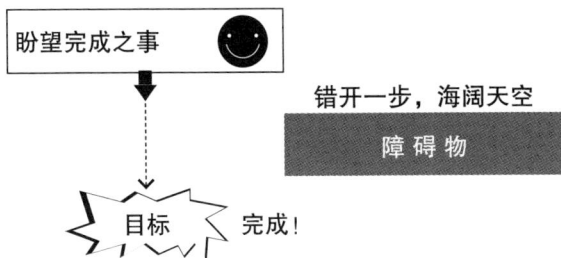

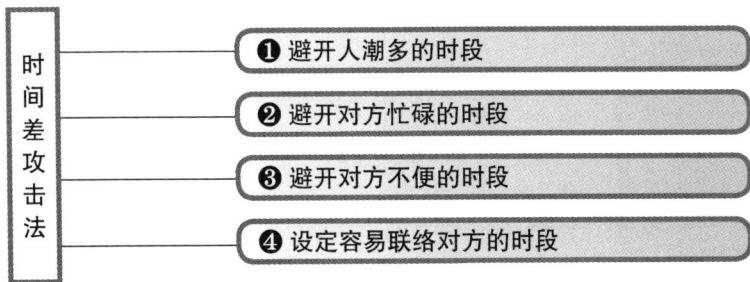

移动

盼望完成之事

撞墙　　　窒碍难行

障碍物

盼望完成之事

错开一步，海阔天空

障碍物

目标　完成！

时间差攻击法

❶ 避开人潮多的时段

❷ 避开对方忙碌的时段

❸ 避开对方不便的时段

❹ 设定容易联络对方的时段

33 **节约时间的黄金三角金字塔**
——成功钻石商人的圆圈日

盛年不重来，一日难再晨。
及时当勉励，岁月不待人。

——陶渊明

钻石商人的圆圈日

和尚可以卖钻石吗？这是一个奇怪又有趣的问题。

罗奇格西原本是一位平凡的青年，毕业于普林斯顿大学。在双亲及兄弟相继于短时间内撒手人寰后，他对于过去汲汲营营所追求的功名利禄不禁心生怀疑，毅然决然地放弃继续深造的计划，远渡重洋，只身来到印度的色拉寺，专心研究佛法。

经过长年苦心钻研，并通过多项严格的考验与测试后，他获得了相当于佛学博士的格西学位。他在印度总共住了二十一年之久，随后接受上师的建议，回到美国经商。在因缘际会之下，他竟从原本对钻石一无所知的门外汉，一跃成为纽约顶尖的成功钻石商人。

罗奇认为修行与经商并不互相冲突，他一方面追求心灵层次的提升，另一方面寻求企业的合理谋利之道。他体会出经营之道在于获利，在于乐在其中，更在于创造有意义的人生。

罗奇将他个人探究灵性及经营企业的心路历程，撰写成册，成为一本畅销书《当和尚遇到钻石》。此书引起大众的广泛讨论，更深入思考层面，探讨佛理蕴含的积极意义。

书中提到一个"圆圈日"的概念。在藏文中，"藏"字代表边境之意，另一意思则指在一定时间后，暂时放下工作的技巧。当你离开原本的工作环境，前往一个宁静之处，就可在自己周围画一个圆圈，让自身静坐在圆圈内思索冥想。

所谓"圆圈日"，就是自我放空的休假日，把时间留给自己的身体，让自己有自我对话的机会，不接电话，不开会，不做简报，不见访客，用心聆听身体的声音。

表面看来，圆圈日似乎会延误正常的工作进度。但是罗区发现静坐圆圈之中，内心会产生无比平静满足的感觉，圆圈外众多纷扰的事物都可暂时抛开。他懂得利用生命中一去不复返的宝贵时光，来换取人生的真正智慧。

节约时间的黄金三角金字塔

为什么要节约时间？这个问题比"和尚可不可以卖钻石"的问题简单一些，但具有深层的意涵。请参见右页的黄金三角金字塔图。节约时间的目的有高低不同的层次：

❶ **基层目的**——节约时间的表面目的是为了能提早下班，尽快离开烦人的环境，以便有多一些时间可放松休息。

❷ **中层目的**——节约时间的再深一层目的是为了获得更多的时间，可以做自己想做的事，包括额外的副业、下班后的娱乐及专业技能的进修等。

❸ **高层目的**——节约时间的真正最顶层目的不是为了多休息、多工作、多娱乐、多学习等，而是要将多获得的时间留给自己，让自己的身、心、灵也能享用属于你的宝贵时间。

请试问自己几个问题：

你有多久没有预留时间，让自己的身体好好运动了？

你有多久没有稍事停歇，以倾听自己内心的声音了？

你有多久没有自我放松，让自身呼吸到清新的空气了？

你有多久没有沉淀下来，让头脑有思考自省的机会了？

你有多久没有整理纷乱的思绪，让灵性更加透彻了？

节约时间的黄金三角金字塔图

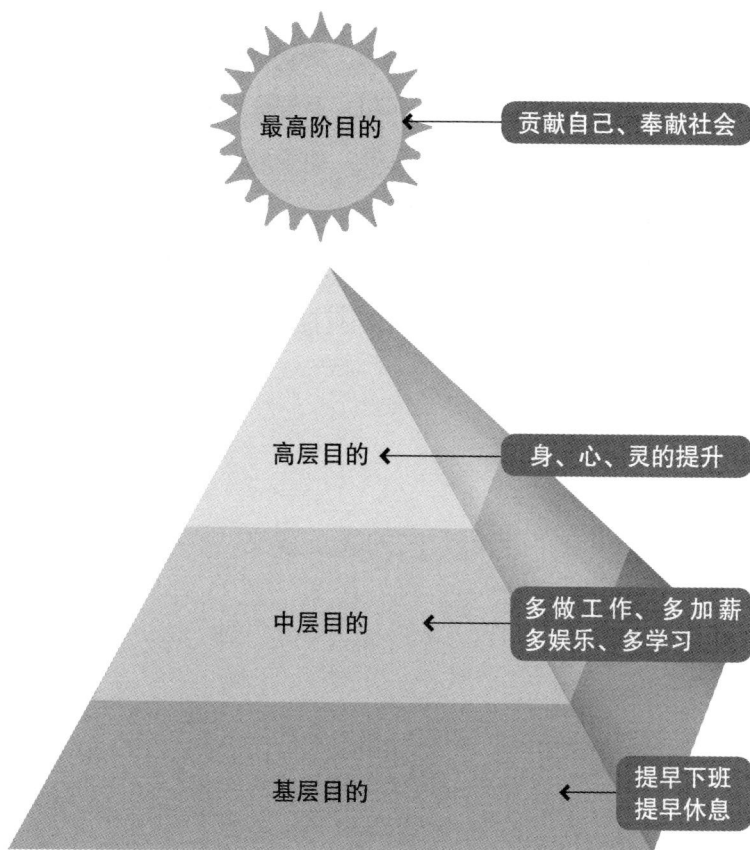

最高阶目的　←　贡献自己、奉献社会

高层目的　←　身、心、灵的提升

中层目的　←　多做工作、多加薪　多娱乐、多学习

基层目的　←　提早下班　提早休息

当你运用本书所介绍的节约时间技巧，达成提早下班的基层目的后，请你继续以正确的方法，帮助自己完成提高薪水、达到娱乐或增进实力的中层目的，最后请再利用有效的策略，将自己的身、心、灵提升至更高的境界。

我们追求的不仅是浑身舒畅，更要身体康健；

我们追求的不仅是心灵平和，更要心情愉悦；

我们追求的不仅是知晓灵性，更要超越灵性。

❹ **高层目的**——当自己的身、心、灵达到一定的满足程度后，请善用所省下的时间来贡献自己、奉献社会，尽一己之力，帮助更多的人，使他人也有提升自身的机会。这是节约时间的最终目的。

节约时间的真正意义

有一首爱尔兰的古老歌谣是这样吟唱的：

把时间花在梦想上，它让你更接近星星；

把时间花在反省上，它使你避免错误；

把时间花在欢笑上，它是灵魂的交响曲；

把时间花在朋友上，它会引导你找到幸福；

把时间花在爱与被爱上，它会让你找到人生的真谛。

工作是人生的过程，但并非人生的全部。

除了工作，还应将时间留给自己所关心的人，人生才能绽放出耀眼的光芒，时间管理也才具有真正的意义。

请为你自己留点时间，也请为你关爱及关爱你的人，留下与他们共处的欢乐时光。

节省上班时间

通关测验

进行自我评估时，请依自己目前的状况检验。

若已达成，请打√；偶尔能达成或尚无法达成，请空白。当每道测验都填上√时，即表示全数通关！

Review and Check

■ 请在读完本章后，进行第一次的复习及自我评估。

■ 请在一个月后，进行第二次的回忆及自我评估。

■ 请在三个月后，进行第三次的检讨及自我评估。

■ ■ ■ 会努力增加体内的"时间原虫"数，让自己成为时间的绝地武士。

■ ■ ■ 明了要减少花在次要工作上的时间，才能将多余的时间留给主要工作。

■ ■ ■ 会善用同类法则以节省时间，在工作前会先将事务分类，相同类型的工作一起做，类似的问题一并思考。

■ ■ ■ 会尽量将可合并的会议一起召开，减少与会者时间的浪费。

■■■ 会以美工刀切割芝麻绿豆的小事，以大菜刀切除干扰重要工作的杂务，以武士刀削去不具效益的计划。

■■■ 无法确定何事应列入删除名单时，会利用四象限图，以耗时与麻烦为两个坐标，决定删除事项的优先顺序。

■■■ 在非重点工作中，会优先删除耗时多又麻烦多的事。万不得已时，勉强接受耗时少又麻烦少的事。

■■■ 会以"减法策略"简化工作内容，减少不必要的时间支出。

■■■ 对于上班的杂务，会采取与处理垃圾相同的原则，先分类、再累积，最后于同一时间一并处理。

■■■ 会利用技巧缩短处理电子邮件的时间。尽量不随时收信，也不随时回信；对于垃圾邮件，会果断删除；在阅读时会将重要邮件分类，并加注特定颜色或符号。

■■■ 会采用时间差攻击法，错开不利自己的时间。在合适的时间做正确的事，才能有效节省时间。

■■■ 会积极地避开人潮多的时段，避开对方忙碌的时段，避开对方不便的时段，设定容易联络对方的时段。

■■■ 明白节约时间的三层目的由低至高为：一、提早下班，提早休息；二、增加额外时间，可用于工作、娱乐、学习；三、留时间给自己的身、心、灵享用。

■■■ 明了节约时间的最终目的是贡献自己，为别人做更多有价值的事。我知道时间要留给自己及所关爱的人，人生才富有真正的意义。

通关笔记